Beiträge zur Beurtheilung

des

Entwurfs eines Handelsgesetzbuchs

von

H. Makower, Justizrath.

und

Dr. H. Veit Simon, Rechtsanwalt am Kammergericht.

Berlin SW.48.
Wilhelmstraße 119/120.

J. Guttentag, Verlagsbuchhandlung.

1896.

Inhaltsverzeichniß.

I.

Bemerkungen
zu Buch I und III des Entwurfs eines Handelsgesetzbuchs

von

H. Makower, Justizrath.

Bei der gegenwärtigen Sachlage wäre es nutzlos, die Grundsätze, von denen der Entwurf eines Handelsgesetzbuchs ausgegangen ist, von Neuem zu erörtern. Nützlich dagegen scheint es mir, auf der gegebenen Grundlage an der Verbesserung des Entwurfs nach Kräften mitzuarbeiten. Von diesem Gedanken ausgehend sind nachstehend die Punkte hervorgehoben, die ich zur Erwägung bei der definitiven Fassung geben möchte.

I. Buch.

I. Der § 1 bestimmt, daß Kaufmann im Sinne dieses Gesetzbuchs derjenige ist, welcher ein Handelsgewerbe betreibt, und der Abs. 2 fügt zunächst hinzu:

Als Handelsgewerbe gilt jeder Gewerbebetrieb, der eine der nachstehend bezeichneten Arten von Geschäften zum Gegenstande hat:

1. den Kauf oder die anderweite Anschaffung von beweglichen Sachen (Waaren) oder Werthpapieren zum Zwecke der Weiterveräußerung, ohne Unterschied, ob die Waaren unverändert oder nach einer Bearbeitung oder Verarbeitung weiter veräußert werden sollen;
2. die Uebernahme der Lieferung von Waaren oder Werthpapieren, die der Uebernehmer später zum Zwecke der Lieferung anschafft.

Bei dem gegenüber dem bisherigen Rechte abgeänderten Begriffe des Kaufmanns, welcher Begriff dem Sprachgebrauch sich nähert, scheint mir die Hervorhebung dieser Grundhandelsgeschäfte nicht zutreffend. Fragt man irgend einen Kaufmann oder Fabrikanten, worin sein Geschäft eigentlich besteht, so wird er niemals antworten, in dem Kaufe von Waaren sondern in dem Verkaufe. Von dem Standpunkt des früheren Rechts aus (der objektiven Handelsgeschäfte) war die Fassung richtig, nicht aber von dem Standpunkte des Entwurfs. Ebensowenig scheint die Ziff. 2 zutreffend. Die Uebernahme der Lieferung von Waaren oder Werthpapieren soll nur dann ein Handelsgewerbe sein, wenn der Lieferant sie später zum Zweck der Lieferung anschafft. Dies widerspricht den offenkundigen Thatsachen, daß fast jeder Kaufmann sich vor der Saison assortirt, um demnächst zu schließende Lieferungsverträge auch mit Sicherheit ausführen zu können. Preßt man die gegenwärtige Fassung, so geräth man in Verlegenheit bei der Entscheidung, ob eine spätere Anschaffung zum Zwecke der Lieferung vorliegt, wenn der Kaufmann vorher — wie dies in der Regel geschieht — gewisse Waaren zur Anfertigung bei den Fabrikanten bestellt, demnächst nach Mustern sie verkauft (die Uebernahme der Lieferung erfolgt), und sie dann erst vom Fabrikanten bezieht. Ist die Waare von ihm früher oder später angeschafft?

Versteht man unter der Uebernahme der Lieferung aber den Verkauf, so wäre es gerathen, dies deutlich auszusprechen, weil in Ziff. 1 der Kauf genannt ist, und Zweifel entstehen, ob in jeder der beiden Ziffern zwischen Kauf und Uebernahme der Lieferung etwa ein Unterschied liegen soll, je nachdem es sich um sofort auszuhändigende vorhandene, oder um nach Zeit zu liefernde erst herzustellende Waaren handelt. Lieferungsgeschäfte sind aber Kaufgeschäfte. Am besten scheint es mir, die unnatürliche Trennung der Ziff. 1 von Ziff. 2 aufzugeben, und kurz zu sagen:

> den An- und Verkauf oder die sonstige entgeltliche Anschaffung oder Veräußerung von Waaren.

Die weiteren Zusätze scheinen entbehrlich, denn die Anschaffung zum Zwecke der Weiterveräußerung ist selbstverständlich bei einem Gewerbebetriebe, und der Zusatz „ohne Unterschied ꝛc." ist entbehrlich, da das Gesetz den Unterschied nicht macht. Ubi lex non distinguit, nec judicis est distinguere.

II. Zu erwägen wäre, ob in Ziff. 7 nicht die Annoncenspediteure und die geschäftlichen Auskunftsbüreaus, sowie die gewerbsmäßigen Konkursverwalter zu erwähnen sind, da es zweckmäßig ist, die Aushülfe des § 2 des Entwurfs möglichst entbehrlich zu machen. Die Hoffnung der Motive zum Entwurf (S. 11), daß die Entscheidung, ob ein gewerbliches Unternehmen, das nicht im § 1 Abs. 2 genannt ist, nach Art und Umfang einen in kaufmännischer Weise eingerichteten Geschäftsbetrieb erfordert, in der Praxis keine Schwierigkeiten machen wird, dürfte schwerlich zutreffen. Dem Registerrichter fehlen die thatsächlichen Unterlagen um einen Zwang zur Eintragung auszuüben, und da es sich nicht um Kategorien von Personen, sondern um die Beurtheilung jedes einzelnen Falles nach seinem (dem Wechsel unterliegenden) Umfange handelt, so ist ein sehr unbequemes Eindringen in Privatverhältnisse und Gegenwehr zu befürchten. Mir scheint es gerathener, jenen Personen zu überlassen, die Eintragung zu verlangen, dem Richter aber eine Zurückweisung zu gestatten, wenn die beantragende Partei die erforderten Nachweise nicht führt. Wer eingetragen sein will (z. B. um unter seiner Firma ankommende Briefe von der Post zu erhalten), wird bereitwillig die vom Richter geforderten Beweise über Art und Umfang seines Geschäftsbetriebes liefern.

III. Im § 5 ist mit Recht angeordnet, daß die Bestimmungen über die Firma auf Kleingewerbe keine Anwendung finden. Dennoch haben solche Gewerbe häufig eine Firma und es ist kein Grund vorhanden, diesen ärmeren Gewerbtreibenden den Verkehrswerth der Firmen zu nehmen, wenn die Geschäfte zum Großgewerbe heranwachsen und veräußert werden. Der Erwerber kann dann die alte Firma nicht eintragen lassen. Es wäre sehr rathsam, die Eintragung solcher Firmen den Erwerbern zu gestatten, wenn sie den Bestand derselben während einer größeren Reihe von Jahren und die Befugniß zur Fortsetzung dem Richter nachwiesen. Das Prinzip der Firmenwahrheit ist thatsächlich doch nicht durchzuführen und überall durchlöchert.

IV. Zu § 9. Die Bekanntmachung der Eintragungen hat durch den deutschen Reichsanzeiger und durch mindestens ein anderes Blatt zu erfolgen; sie gilt als erfolgt mit dem Ablaufe des Tages, an welchem das letzte der die Bekanntmachung enthaltenden Blätter erschienen ist.

Die Bestimmmung erscheint mir unzweckmäßig. Wer nachsehen will, ob eine Bekanntmachung erfolgt ist, muß wissen, welches Blatt oder welche Blätter von dem Gerichte neben dem Reichsanzeiger für seine Bekanntmachungen bestimmt sind und sich das betreffende Blatt und wenn es mehrere sind, die sämmtlichen Blätter beschaffen, denn die Bekanntmachung in dem letzten soll entscheidend sein. Handelt es sich um Eintragungen in auswärtigen Gerichtsbezirken, so können diese Ermittelungen kostspielig und sehr zeitraubend sein. Die Einsicht des Handelsregisters nützt nichts, weil der Tag der Bekanntmachung nicht vermerkt wird. Man müßte daher die Beilageakten einsehen lassen, aber, abgesehen selbst von den Kosten und dem Zeitverluste, gelangen die Belagsblätter oft erst nach längerer Zeit zu jenen Akten. Der § 14 beruht auf dem Gedanken, daß die Eintragung allein nicht entscheidend ist, sondern daß sie mit der Bekanntmachung zusammen erst die Rechtswirkungen erzeugt. Dies wird z. B. auch nach § 186 für das Inslebentreten einer Aktiengesellschaft gelten. Das Stadium zwischen Eintragung und Publikation muß möglichst abgekürzt und nicht den Zufälligkeiten bei der Veröffentlichung in mehreren nicht amtlichen Blättern ausgesetzt werden. Da es sich doch nur um eine Fiktion der Kenntniß handelt, so ist es besser, die Publikation in dem Reichsanzeiger als allein entscheidend vorzuschreiben, unbeschadet der Zulässigkeit, die Veröffentlichung auch anderweit zu veranlassen.

Wenn der Abs. 2 des § 9 nur für den Fall gelten soll, daß nach dem Gesetze mehrere Bekanntmachungen erfolgen müssen (z. B. nach § 270), dann ist der Abs. 2 zutreffend; er enthält diese Beschränkung jedoch nicht.

Es wäre daher m. E. Abs. 1 durch Streichung der Worte „und durch mindestens ein anderes Blatt" zu verbessern und der Abs. 2 etwa dahin zu ändern: Hat eine Bekanntmachung wiederholt zu erfolgen, so gilt dieselbe als erfolgt mit dem Ablaufe des Tages, an welchem das die letzte Bekanntmachung enthaltende Blatt des Reichsanzeigers erschienen ist. Der § 10 des Entwurfs würde nach dem vorstehenden Vorschlage ganz fortfallen. — Die im § 9 gegebene Regel, daß die Eintragungen ihrem ganzen Inhalte nach veröffentlicht werden sollen, habe ich bereits in der Zeitschrift für deutschen Civilprozeß XX S. 24 ff. bekämpft, und erlaube mir darauf zu verweisen.

V. Zu § 12. Der Abs. 3 des § 45 erwähnt mehrere Niederlassungen desselben Inhabers unter verschiedenen Firmen; da nicht unterschieden ist, so können dieselben auch eine Haupt- und Zweigniederlassung bilden. Ist dies aber beabsichtigt, dann müßte Abs. 1 des § 12 auf die Eintragungspflicht bei den Registergerichten beschränkt werden, in deren Bezirk der Inhaber der Firma eine Zweigniederlassung unter derselben Firma besitzt. Die ganze Regulirung, welche freilich der bestehenden entspricht, scheint mir nicht zweckmäßig. Alles müßte nur bei der Hauptniederlassung angemeldet und wenn dort geordnet, von Amtswegen die Eintragung der Zweigniederlassung und der Aenderungen bewirkt werden. Der gegenwärtige Zustand ist höchst unbefriedigend. Die Register pflegen nicht zu stimmen und die mehreren Richter gehen oft von verschiedenen Ansichten aus.

Der erwähnte Abs. 3 des § 45 (und der analoge Abs. 3 des § 114) soll nach den Motiven S. 50 eine Controverse entscheiden; weshalb die Entscheidung so wie geschehen erfolgt ist, findet sich jedoch nicht angegeben. Dies führt zu der Beobachtung, daß im Entwurfe so wenig wie im HGB. das Verhältniß der Haupt- zu den Zweigniederlassungen unter derselben oder unter einer anderen Firma geregelt ist. Es kommt thatsächlich vor, daß Haupt- und Zweigniederlassungen unter derselben Firma verschiedene Inhaber haben. Nun macht das innere Verhältniß unter diesen, da es fast immer vertraglich geordnet ist, keine Schwierigkeit, wohl aber das Verhältniß zu den Gläubigern, namentlich im Falle des Konkurses. Setzt man den Fall des Abs. 3 des § 45, so entsteht die Frage, ob die Akte des Prokuristen für die abweichende Firma der Zweigniederlassung nicht auch die Inhaber der Hauptniederlassung unter anderer Firma verpflichten. Bejaht man dies, so ist kein Grund erkennbar, weshalb die Prokura nicht ebenso auf die Zweigniederlassung soll beschränkt werden können, wenn die Letztere dieselbe Firma führt wie die Hauptniederlassung. Der Kern der ganzen Frage liegt in der Entscheidung, ob die Gläubiger der Haupt- und Zweigniederlassungen, gleichviel ob diese Etablissements dieselbe Firma oder verschiedene Firmen haben, ein Separationsrecht im Konkurse haben.

VI. Der § 16, welcher eine Definition der Firma enthält, scheint mir entbehrlich, und um so mehr zu streichen als er nicht ganz korrekt ist, denn Firmeninhaber, welche thatsächlich unter ihrem abweichenden Privatnamen Geschäfte schließen und die Unterschrift abgeben, erheben dadurch ihren Privatnamen doch nicht zur Firma.

VII. Der § 17 regt den Zweifel an, ob nicht der Vorname, wenn er benutzt wird, nur ganz und nicht in den bloßen Anfangsbuchstaben benutzt werden darf. Da die Abkürzung überaus gebräuchlich ist, so wäre es gut, die Zulässigkeit durch die Fassung erkennbar zu machen. Auch wäre wohl besser zu sagen: „oder mit stillen Gesellschaftern" statt „einem stillen Gesellschafter".*)

*) Die §§ 310 und 162 sind wohl nicht glücklich gefaßt. Der § 257 HGB. verordnet die Haftung des stillen Gesellschafters, wenn sein Name in der Firma enthalten ist, wobei vorzüglich an den Fall gedacht ist, daß der frühere Inhaber nach Abtretung des Geschäfts mit der unter seinem Namen geführten Firma als stiller Gesellschafter in demselben verbleibt. Der § 310 des Entw. hat einen anderen Fall im Auge; der sleeping partner soll haften, wenn sein Name mit seiner Zustimmung in die Firma aufgenommen ist (d. h. doch bei

VIII. Wenn prinzipiell davon ausgegangen wird, daß aus der Firma die Natur der Gesellschaft erkennbar sein soll, so ist nicht ersichtlich, weshalb im § 18 Abs. 2 nicht angeordnet ist, daß eine einfache Kommanditgesellschaft sich als solche bezeichnen müsse. Anderenfalls ist die Verwechslung mit einer offenen Handelsgesellschaft für Dritte nahe gelegt.

Ob jenes für den Verkehr sehr lästige Prinzip überhaupt von großem Nutzen ist, erscheint nicht ausgemacht. Die langen Zusätze zu den Gesellschaftsfirmen (Aktiengesellschaft, Kommanditgesellschaft auf Aktien, Gesellschaft mit beschränkter Haftung, Eingetragene Genossenschaft mit unbeschränkter Haftpflicht, Eingetragene Genossenschaft mit unbeschränkter Nachschußpflicht, Eingetragene Genossenschaft mit beschränkter Haftpflicht), bei denen noch die Zeichnungen der Vertreter oder Prokuristen erfolgen müssen, erschweren den schriftlichen Verkehr, und können zwar durch Vordruck von den Gesellschaften gesichert werden, aber Dritte, welche an die Gesellschaften schreiben, haben es schwer, deren langathmige Namen korrekt zu gebrauchen oder deren korrekte Zeichnung (z. B. bei Wechseln) zu kontrolliren. Am ehesten kann man sich noch einen kurzen Zusatz, wie „lim.“ bei den englischen Aktiengesellschaften gefallen lassen. Die Art der Gesellschaft ist für den Geschäftsverkehr nicht das Wichtige, da sie bekannt oder leicht zu erfahren ist, sondern die Solvenz derselben.

IX. Eine überaus eingreifende Bestimmung trifft der Abs. 2 des § 20. Er setzt implicite voraus, daß ein Handelsgeschäft auf Grund eines Nießbrauchs, eines Pachtvertrages oder eines ähnlichen Verhältnisses übernommen werden kann, und es entspricht den Thatsachen, daß dergleichen Verträge vorkommen. Indeß die Bestimmungen des Bürgerlichen Gesetzbuchs über Nießbrauch und Pacht passen nicht auf

---

der Begründung der stillen Gesellschaft). Dies ist ein in der Praxis kaum vorkommender Fall, denn die stillen Gesellschafter wollen ihren Namen nicht wohl neu hergeben. Unverständlich ist mir die Ausnahme, welche der Entwurf macht, denn wenn der Name des stillen Gesellschafters mit seiner Zustimmung in die Firma aufgenommen ist, so kann die Annahme nicht Platz greifen, daß jener Name doch einen anderen bezeichnen soll. Ist in der Firma ein Nachfolgeverhältniß angegeben (Mot. S. 118), so ist eben der Name des stillen Gesellschafters nicht aufgenommen. Aber auch wenn man sich auf den Standpunkt des Entwurfes stellt, scheint es mir, daß die Ausnahme in ihr Gegentheil verwandelt werden muß und zwar dahin: wenn nicht die Annahme begründet erscheint 2c., oder daß man sagen muß „oder daß der Name ihn als den gegenwärtigen Inhaber bezeichnen soll“.

die Uebernahme eines Geschäfts, weil sie — um es kurz auszudrücken — eine Benutzung salva rei substantia voraussetzen. Dies ist bei einzelnen Geschäften möglich, z. B. bei der Pacht eines Gasthofs, wo Lokal und Inventar im Wesentlichen erhalten bleiben, nicht aber bei anderen, z. B. nicht bei Waarengeschäften, wo Bestände, Forderungen, Schulden sich ändern sollen. Kommen Pacht oder Nießbrauch bei Geschäften letzterer Art vor, so giebt es für die Auseinandersetzung die größten Schwierigkeiten, wenn der Vertrag nicht alles Einzelne geregelt hat, weil die Folgen sich nicht aus der Natur der Pacht oder des Nießbrauchs, auch nicht aus allgemeinen Rechtsgrundsätzen ergeben.

Der § 20 Abs. 2 regelt für Fälle der Pacht, des Nießbrauchs und ähnliche Verhältnisse nur die Frage der Firma, die Zulässigkeit und die Voraussetzung ihres Uebergangs auf den Pächter, Nießbraucher ꝛc. Die materiellen Wirkungen der Firmenüberschreibung sind (Motive S. 37) dahin angegeben, daß der eingetragene Inhaber dann gemäß § 23 für die früheren Schulden des bisherigen Inhabers haftet und aus den unter der Firma geschlossenen Geschäften allein verpflichtet wird. Dies zugegeben, so wird jene Firmenüberschreibung arge Täuschungen des Publikums herbeiführen, welches zwar die obligatorische Haftung des Uebernehmers genießen, aber davon ausgehen wird, daß der Gegenstand der Pacht, des Nießbrauchs ꝛc. im Eigenthum des Firmen-Inhabers ist und sich in diesem sehr erheblichen Punkte getäuscht sehen wird. Viel wichtiger als die Art der Gesellschaft, welche sich einer Firma bedient (§ 18) ist die Angabe, ob das ganze Unternehmen Eigenthum des Inhabers oder nur von ihm gepachtet ist. Dem eingetragenen Firmen-Inhaber eines großen Hotels wird Jedermann mehr oder weniger kreditiren, sich aber sehr getäuscht finden, wenn bei einem Angriff des Inventars der Verpächter auf Grund des Pachtververtrages intervenirt. Verbleibt es bei dem § 20 Abs. 2, so müßte bei der Uebertragung der Firma ein Zusatz: „als Pächter oder dgl." obligatorisch sein.

X. Zu § 24 Abs. 2 sei darauf aufmerksam gemacht, daß der Tag der (handelsüblichen) Kundmachung kein genügend bestimmter Tag für den Anfang einer Verjährung ist; gemeint ist nicht der Tag, an welchem der betreffende Gläubiger etwa ein Circular oder eine Nachricht von dem Uebernehmer erhält, sondern der Tag, an welchem die Kundmachung durch Versendung von Circularen, Anschlag an öffentlichen Stellen oder durch Zeitungen erfolgt. Diese allgemeinen Kundmachungen werden selten an einem und demselben Tage erfolgen. Der Tag der Absendung der Circulare, auch wenn sie an einem Tage versandt werden, kann nicht entscheidend sein, da man Kunde erst durch den Empfang erhält. Es wird daher bei der vorgeschlagenen Bestimmung fast in jedem Falle ein Zweifel entstehen. Da aber eine 5jährige Frist vorgeschlagen wird (welche, wie mir scheint, zweckmäßig im ganzen Gesetze z. B. § 145 auf 3 Jahre zu vermindern wäre), so kann man ohne Besorgniß eine durchgreifende Bestimmung treffen.

XI. Der § 26 trifft eine zweckmäßige Bestimmung für den Fall, daß Jemand als persönlich haftender Gesellschafter (offener Gesellschafter oder Komplementär) oder als Kommanditist in das Geschäft eines Einzelkaufmanns eintritt. Die Motive (S. 40) ergeben, daß diese Bestimmung auch den Fall der Einbringung eines bestehenden Handelsgeschäfts in die gleichzeitig errichtete Gesellschaft treffen soll. Das Gesetz aber ist nicht so gefaßt, daß es diesen Fall einschließt, und müßte daher deutlicher gefaßt werden. Man kann nicht sagen, daß Jemand als Socius in das Geschäft eines Einzelkaufmanns eingetreten ist, wenn eine Gesellschaft unter neuer Firma gebildet wird und nur die Einlage des einen Gesellschafters in der Einbringung seines Geschäfts besteht.

XII. Zu § 31 Abs. 2 und Abs. 4 am Schluß wäre, analog § 48 Abs. 2 und § 97 Abs. 2, wohl besser zu sagen: Die Mitglieder des Vorstandes resp. die Liquidatoren haben die Firma mit ihrer Unterschrift zur Aufbewahrung bei dem Gerichte zu zeichnen.

XIII. Der § 35 ist wegen der strafrechtlichen Folgen von Bedeutung, welche im Falle des Konkurses sich an die unterlassene Befolgung knüpfen; deshalb ist seine Präzision von Erheblichkeit. Er verlangt die spezielle Eröffnungsinventur und -Bilanz und sodann die ferneren jährlich für das ganze Vermögen des Kaufmanns. Wie dies zu verstehen ist, scheint mir nicht genügend klargestellt.

Bei Handelsgesellschaften ist ein Fonds vorhanden, und die Vorschrift, das ganze Vermögen buchmäßig zu machen, bezieht sich auf diesen Fonds. Da jedoch in der Regel die Socien Privatvermögen haben, so kann man aus ihrer Eigenschaft als Kaufleute die Verpflichtung folgern, hierüber besondere Bücher zu führen, aber diese Bücher sind doch nur Handelsbücher, wenn mit dem Privatvermögen Geschäfte gemacht werden, nicht aber, wenn dieses Vermögen nur ordnungsmäßig verwaltet wird. In dem letzteren Falle kann doch kaum verlangt werden, daß der Gesellschafter sein gesammtes Mobiliar unter Angabe der Werthe der einzelnen Vermögensgegenstände, seine Wirthschaftsforderungen oder Schulden (für Bekleidung der Familienmitglieder, deren Ernährung und Unterricht oder dgl.) angebe und — was nothwendig wäre — nach Abwartung der Geschäftsbilanz sein Guthaben aus dem Geschäfte mitberechne, damit eine Uebersicht seines ganzen Vermögens vorhanden sei. An diese Wirthschaftsbücher können doch die Anforderungen wie an Handelsbücher nicht gestellt werden. In einer größeren Wirthschaft wäre diese Ordnung nur durch einen besonderen Buchhalter zu erreichen.

Aber auch bei dem Einzelkaufmann pflegt der Handlungsfonds von dem Privatvermögen unterschieden zu sein, und es würde nicht zur Klarstellung, sondern zur Verwirrung führen, wenn beide alljährlich aus den Handelsbüchern erhellen sollten. Natürlich sind die Entnahmen aus dem Geschäfte zur privaten Wirthschaftsführung in den Handelsbüchern zu vermerken, weil sie den Handlungsfonds vermindern, aber die einzelnen vom Gesetze geforderten Angaben können nicht aus den Handelsbüchern hervorgehen. Auch bei dem Einzelkaufmann muß zwischen Handlungs- und Privatvermögen in den Handelsbüchern unterschieden werden — wie das ROG. Bd. 8 S. 41 ausdrücklich anerkennt —, denn wenn der Kaufmann die jährlichen Geschäftsresultate übersehen soll, so würde das Bild durch die Hineinziehung der Wandlungen seines Privatvermögens getrübt werden.

Eines bestimmten Vorschlages enthalte ich mich, weil mir scheint, daß zunächst die Uebung ordentlicher Kaufleute hinsichtlich dieser Buchungen zu ermitteln und dann eine zweifelsfreiere Fassung des § 35 vorzunehmen ist. Vielleicht ergiebt sich dann, daß die ganze Eröffnungsbilanz fortfallen kann, weil sie im Grunde doch nichts anderes ist als die aus den Büchern ersichtlich zu machende Einlage. Es ist auffällig, wie wenigen Kaufleuten noch heute — nachdem das HGB. 34 Jahre in Kraft ist — die Vorschrift, daß eine Eröffnungsbilanz besonders angefertigt werden muß, bekannt ist.

XIV. Zu § 43. Bedenklich ist die Vorschrift, daß die Prokura nur „mittelst ausdrücklicher Erklärung" im Gegensatz zu einer stillschweigenden (Motive S. 50) soll ertheilt werden können. Versteht man darunter, daß auch die wissentliche Duldung des Inhabers, daß sein Gehilfe per pro procura zeichnet, nicht der Ertheilung gleichstehen soll, dann kann die Vorschrift von üblen Folgen sein. Weder ist man regelmäßig in der Lage, bei Geschäftsabschlüssen erst das Prokurenregister am Sitze des Handelsgeschäfts einzusehen, noch die Vorlegung der schriftlichen

Prokura zu verlangen, noch im Streitfalle die ausdrückliche Ertheilung nachzuweisen, falls die Prokura nicht eingetragen ist. Für die Handlungsvollmacht (§ 49), welche allerdings weniger weit als die Prokura reicht aber doch recht ausgedehnt ist, findet sich das Verlangen einer „ausdrücklichen" Ertheilung nicht vorgeschrieben.

XV. Der § 51 regt folgendes Bedenken an. Handlungsagent ist nach § 75, wer ständig damit betraut ist, für das Handelsgewerbe eines Anderen Geschäfte zu vermitteln oder im Namen des Anderen abzuschließen. Es giebt also je nach dem erhaltenen Auftrage zwei Arten von Agenten, Vermittlungs- und Abschlußagenten, und Unterarten speziell für Kaufgeschäfte. Wenn nun § 51 Abs. 1 von Agenten spricht, welche den Verkauf oder Ankauf von Waaren zu besorgen haben, so ist dies nur auf Personen zu beziehen, welche zu Abschlußagenten bestellt sind, denn der Vermittler besorgt nicht den Verkauf oder Ankauf, sondern bereitet ihn nur vor. Da jene Beschränkung beabsichtigt ist (Motive S. 71), so enthält die Bestimmung nichts Neues. Die Krux im Verkehre besteht aber gerade darin, daß der Dritte regelmäßig nicht weiß, ob der Agent nur zur Vermittelung oder auch zum Abschluß ermächtigt ist. Der Entwurf beseitigt diese Schwierigkeiten nicht, auch nicht durch Aufstellung einer Vermuthung.

XVI. Der Abs. 2 des § 54 bestimmt, daß im Zweifel ein Handlungsreisender nicht verpflichtet ist, andere Dienste zu leisten als solche, die seine Reise betreffen. Die Motive S. 58 erläutern, daß selbstverständlich zu diesen Diensten auch diejenigen gehören, welche die Vorbereitung der Reise betreffen. Mir scheint diese Regelung nicht das zu treffen, was die regelmäßige Meinung im Verkehre ist. Es ist nicht anzunehmen, daß der Handlungsreisende, welcher von der Reise zurückgekehrt ist und Rechnung gelegt oder Auskunft gegeben hat, die Zeit bis zum Antritt der neuen Reise ohne alle Thätigkeit für das Geschäft soll verwenden dürfen. Das erfolgreiche Reisen ist zum Theil grade dadurch bedingt, daß der Reisende während der Ruhezeit im Geschäfte thätig ist und die Geschäftslage kennen lernt. Das Reisen pflegt zu bestimmten Zeiten und nicht das ganze Jahr hindurch zu geschehen, und der Prinzipal darf nicht gezwungen werden, den Reisenden auch dann auf Reisen zu schicken, wenn das Interesse des Geschäfts es nicht erfordert, oder ihn dauernd für Nichtsthun zu bezahlen. Die umgekehrte Bestimmung scheint mir gerechter, daß der Reisende im Zweifel verpflichtet ist, während seiner Ruhepausen am Orte des Geschäfts die üblichen Geschäfte eines Handlungsgehülfen zu verrichten. Im Grunde ist er doch nichts Anderes als ein Beamter, der regelmäßig auf Kommissorium geschickt wird. Man könnte die Präsumtion vielleicht auf den Fall beschränken, daß der Reisende gegen ein fixes Gehalt neben seinen Reisespesen engagirt ist.

XVII. Zu den §§ 63—65 und 69, 81 wird als bloßer Fassungsvorschlag anheimgegeben, statt „ohne Einhaltung einer Kündigungsfrist gekündigt werden" zu sagen: aufgelöst werden. Unter Kündigung pflegt nach dem Sprachgebrauch das Verlangen der Auflösung nach einiger Frist verstanden zu werden. Ebenso wäre im § 326 Abs. 3 und § 328 Abs. 2 aufgehoben statt gekündigt zu sagen.

XVIII. Zu § 76 Abs. 3 wird gleichfalls anheimgegeben, nur den Abs. 1 zu zitiren, da der Abs. 2 keine selbstständige Verpflichtung oder Einschränkung enthält.

XIX. Zu § 67. Zu diesem Paragraphen ist ein Zusatz erforderlich, daß die Abnahme des Ehrenworts zu größeren Verpflichtungen als in demselben zugelassen, strafbar ist; sonst ist die Vorschrift illusorisch. Dergleichen Fälle kommen nicht selten vor, und der Verpflichtete ist dadurch mehr als durch vertragliche Geldstrafen bedrängt und gebunden.

XX. Zu § 81. Die vom Entwurfe für Handlungsagenten subsidiär bestimmte Kündigungsfrist scheint mir für den Geschäftsherrn zu lang zu sein, da sie, wenn die Kündigung in der zweiten Hälfte eines Quartals erfolgt, bis $4^1/_2$ Monat betragen kann. Die Sache liegt anders als bei den Handlungsgehülfen, welche zum Quartalsschluß am ehesten eine neue Stelle finden. Dem Geschäftsherrn ist es nicht von Interesse, ob der Agent ausreichende Bemühungen für die Aufsuchung von Geschäftsgelegenheiten angewandt hat, sondern ob sie Erfolg hatten. War dies nicht der Fall, der Agent hat sich aber bemüht, so wird der Geschäftsherr vor der schweren Entscheidung stehen, ob in dem geringen Erfolge ein wichtiger Grund zur sofortigen Aufhebung des Vertrages liegt. Um diesen gewaltsamen Bruch möglichst zu verhindern, ist es besser, eine kurze Kündigungsfrist zu bestimmen, etwa definitiv sechs Wochen, nicht ausschließlich für den Schluß eines Kalendervierteljahres.

XXI. Zu § 82. Der Abs. 1 sagt: „Wer ꝛc., hat die Rechte und Pflichten eines Handelsmäklers." Es scheint nach Analogie des § 1 richtiger zu sagen: „Handelsmäkler oder Handelsmäkler im Sinne dieses Gesetzbuchs ist, wer ꝛc." Die erstere Fassung verleitet zu der Annahme, als ob den im § 82 bezeichneten Personen nur die Rechte und Pflichten eines anderen Standes (der Handelsmäkler) beigelegt werden sollten.

III. Buch.

Es ist freilich ohne Belang, ob die Bestimmungen über das Gesellschaftsrecht vor oder nach den Bestimmungen über die Handelsgeschäfte stehen, aber systematisch richtiger scheint mir die Umstellung des II. und III. Buches des Entwurfes, so daß zunächst vom Handelsstand, dann von Handelsgeschäften, demnächst von Gesellschaften und endlich vom Seerecht gesprochen wird.

I. Zu §§ 315, 316. Der Entwurf schließt sich möglichst den früheren Bestimmungen auch in der Fassung an. Mir scheint aber, daß eine freiere Bewegung möglich ist. Könnte man nicht ohne irgend etwas zu verlieren, den § 315 einfach dahin fassen:

Handelsgeschäfte sind alle Geschäfte eines Kaufmanns in seinem Handelsbetriebe oder:

die im Betriebe seines Handelsgewerbes geschlossen werden.

Die Absätze 2 und 3 werden dadurch entbehrlich.

Der § 316 Abs. 1 würde dann zu lauten haben:

Die von einem Kaufmann vorgenommenen Rechtsgeschäfte gelten im Zweifel als in seinem Handelsbetriebe geschlossen.

Dies ist sachlich besser als wenn man sagt, sie gelten im Zweifel als zum Betriebe seines Handelsgewerbes gehörig. Ein Wollwaarenhändler spekulirt in Getreide. Dies mag zu seinem Handelsbetriebe, nicht wohl aber zu seinem Handelsgewerbe gehören.

II. Der § 329 des Entwurfes giebt den früheren Art. 332 in anderer Fassung wieder. Mir scheint die frühere aber korrekter, denn daß bei Handelsgeschäften die Leistung nur während der gewöhnlichen Geschäftszeit bewirkt und gefordert werden kann, ist offenbar nicht thatsächlich gemeint, aber auch nicht rechtlich, denn wenn der Gegner nicht widerspricht, kann sie auch zu anderer Zeit erfolgen oder verlangt werden, und selbst wenn er widerspricht, ist sie nicht unwirksam. Außerdem ist zweifelhaft, was es heißt: die Leistung kann nur während der gewöhnlichen Geschäftszeit gefordert werden. Wörtlich bedeutet es, daß die Aufforderung nur innerhalb der Geschäftszeit rechtsgültig erfolgen kann, während wahrscheinlich gemeint ist, es könne jederzeit gefordert werden, daß die Leistung während der Geschäftszeit erfolge. Brevis es, fis obscurus.

III. Zu §§ 330, 332. Wenn der Ort der (geschuldeten) Leistung dasselbe bedeuten soll wie der Ort, wo der Vertrag erfüllt werden soll, dann ist es zu empfehlen, ebenso wie bisher (Art. 327, 336 HGB.) nur vom Erfüllungsort zu sprechen. Man wird sonst gezwungen, zwischen Leistungs- und Erfüllungsort einen Unterschied zu suchen.

IV. Zu § 333 wird anheimgegeben, ob es dem Sprachgebrauch nicht besser entspricht zu sagen: ein Antrag auf Besorgung von Geschäften, als über die Besorgung von Geschäften.

V. Zu § 340 möchte ich eine Bestimmung anregen, daß das Zurückbehaltungsrecht nicht weiter ausgeübt werden darf, als es zur vollständigen Deckung des Gläubigers erforderlich ist. Die Retention eines Mehreren ist Chikane und rechtswidrig. Beim vertraglich bestellten Pfande trifft nicht dasselbe zu.

VI. Zur Ueberschrift des Tit. II „Handelskauf". Dieses Wort findet sich in dem ganzen Titel nicht und seine Bedeutung ist nur in den Motiven S. 214 angegeben. Ich glaube, daß die Definition in das Gesetz gehört, weil sonst aus den §§ 344—354 nicht erkennbar ist, daß sie sich nur auf den Handelskauf beziehen. Durch Voranschickung eines solchen Satzes würde auch die Unschönheit vermieden, daß der § 344 überhaupt mit den Wirkungen des Verzuges beginnt.

VII. Zu § 344. Sehr wünschenswerth wäre es, wenn das Gesetz eine Direktive gäbe, an welchem Orte der Selbsthilfeverkauf stattzufinden hat, denn es ist für den Verkäufer sehr mißlich, auf seine Gefahr den Ort zu bestimmen. Man könnte vielleicht sagen, daß der Verkauf an dem Handelsplatze zu erfolgen hat, welcher für den Ort maßgebend ist, an welchem die Waare zur Zeit der Androhung sich befindet, wenn nicht der Käufer unverzüglich auf die Androhung den Verkauf an dem für ihn maßgebenden Handelsplatze verlangt.

Nach Abs. 4 des § 344 kann das Gebot des Käufers zurückgewiesen werden, wenn er nicht baar zahlt. Gemeint ist wohl, daß die Befugniß der Zurückweisung nur von dem Verkäufer oder in Folge seiner Anweisung von dem Handelsmäkler oder dem Versteigernden, nicht aber auch nach dem Ermessen dieser Personen erfolgen kann. Vielleicht wäre es besser zu sagen: das Gebot des Käufers ist, wenn er den Betrag nicht sofort baar erlegt, nur mit Genehmigung des Verkäufers zu berücksichtigen.

VIII. Zu § 347. Die Abs. 2 und 3 haben dieselbe Voraussetzung, daß Schadensersatz wegen Nichterfüllung verlangt wird und die Waare einen Börsen- oder Marktpreis hat. Redaktionell wäre deshalb zu empfehlen, die zwei Absätze etwa dahin zusammen zu ziehen, daß dem zweiten Absatze hinzugefügt würde:

das Ergebniß eines vorgenommenen Verkaufs oder Kaufs der Waare aber dem Ersatzanspruche nur zu Grunde gelegt werden 2c.

Diese Fassung scheint mir deutlicher, weil das Wort „anderweit" nicht ganz klar ist und weil nach den Worten Verkaufs oder Kaufs die Worte „der Waare" hinzuzufügen sind, um klar zu stellen, daß die angebotene Waare, nicht eine andere, etwa gleiche zu verkaufen ist.

IX. Zu § 350. Die Gleichstellung der Fälle, wenn eine andere Qualität oder ein anderes Quantum als bedungen geliefert wird, scheint mir nicht gerathen. Der letztere Fall bedarf, wie ich glaube, keiner besonderen Bestimmung; ist quantitativ zu wenig geliefert, so kann auch ohne Anzeige nachgefordert werden; ist zu viel geliefert, so ist das Plus so zu behandeln wie im Falle der Lieferung einer Waare ohne Bestellung. Geringfügige Differenzen, wie sie oft ganz unvermeidlich sind, werden als unwesentlich keine Beachtung finden.

Ist eine andere Qualität geliefert, dann soll bei Fiktion der Genehmigung sofortige Rüge erfolgen, die Unterlassung derselben aber nicht die Fiktion zur Folge haben, wenn offensichtlich der Verkäufer die Genehmigung als ausgeschlossen betrachten mußte. Ob der Verkäufer thatsächlich dies annahm, erklären die Motive für unerheblich, und mit Recht, denn welcher Verkäufer wird eine Waare liefern, von der er annimmt, daß die Genehmigung ausgeschlossen ist? In der Regel wird daher thatsächlich der liefernde Verkäufer die Genehmigung erwarten, und es wird sehr mißlich sein, wenn Sachverständige oder der Richter feststellen sollen, daß er die Genehmigung als ausgeschlossen betrachten mußte. Die Erwartung des Verkäufers, daß auch die offensichtlich abweichende Waare angenommen werden würde, stützt sich häufig auf rein subjektive Momente, z. B. der Verkäufer weiß, daß der Käufer auch die abweichende Qualität braucht oder daß er auch früher nachsichtig war. Es entscheidet daher über die Erwartung der Genehmigung nicht lediglich die Qualität der Waare.

Es wird vielleicht am besten sein, den § 350 fortzulassen, da er die Streitigkeiten, welche allerdings vorkommen, doch nicht vollständig löst und neue Zweifel erzeugt.

X. Zu den §§ 355 ff. Kommissionsgeschäft. Es ist ein unbefriedigender Zustand, daß ein Handelsgesetzbuch als Ganzes, nicht als

Novelle erscheinen soll und doch daneben erhebliche Reichsgesetze bestehen bleiben sollen, welche über Materien handeln, die offenbar in das HGB. gehören. Nun hat der Entwurf zwar einige Bestimmungen aus dem Börsengesetz entnommen (die §§ 374—376, 378, Abs. 1 u. 2, § 379 des Entw. über den Selbsteintritt des Kommissionärs), andere aber fortgelassen, und soweit ich es übersehe, das Depotgesetz gar nicht übernommen. Das letztere beschäftigt sich mit den Pflichten der Kaufleute (insbesondere der Kommissionäre) bei Aufbewahrung fremder Werthpapiere und wäre m. E. ganz in das Handelsgesetzbuch einzufügen, theils bei den allgemeinen Bestimmungen über Kaufleute (Buch I Tit. 1), theils bei der Lehre vom Kommissionsgeschäft (Buch III Tit. 3).

XI. Zu § 356. Der erste Satz, welcher die anzuwendende Sorgfalt eines ordentlichen Kaufmanns betrifft, scheint mir in Folge des § 1 Ziff. 7 u. § 319 des Entwurfs entbehrlich, und zwar auch hinsichtlich der gewerbsmäßigen Spediteure (§ 381 Abs. 2). Der Schlußsatz des § 356 ändert die Fassung des HGB., jedoch wie ich glaube, ohne sie zu verbessern. Letzteres sagt: „Der Kommissionär hat dem Kommittenten zu leisten, was er aus dem Geschäft zu fordern hat"; der Entwurf sagt: „Der Kommissionär hat dem Kommittenten dasjenige herauszugeben, was er aus der Geschäftsbesorgung erlangt hat." Unter „er" ist im HGB. der Kommittent, hier der Kommissionär gemeint, was sprachlich wohl nicht ganz richtig ist; ebenso scheint mir „das Herausgeben des Erlangten" nur auf körperliche, im Besitze des Kommissionärs befindliche Sachen zu passen, und nur schwer auf die Abtretung von Forderungen, welche offenbar mitumfaßt werden soll.

XII. Zu § 359 wird anheimgegeben, den Abs. 2 mit den Worten zu beginnen: zur Feststellung von Mängeln des Guts, auch wenn diese später hervortreten, kann ꝛc.

XIII. Zu § 364. Dieser § ist wörtlich dem Art. 368 HGB. entnommen. Mir scheint, daß der Abs. 2 einer Einschränkung auf den Fall des Konkurses des Kommissionärs bedarf, während die Mot. S. 236 diesen Fall nur als den praktisch bedeutsamsten hervorheben. So lange der Kommissionär nicht in Konkurs ist, kann er die Forderungen aus dem in eigenem Namen abgeschlossenen Kommissionsgeschäfte rechtsgültig abtreten, also auch einem seiner Gläubiger; die Abtretung muß ebenso wirksam sein, wenn sie in der Zwangsvollstreckung durch den Richter an einen solchen erfolgt. Wäre der Kommittent auch in diesen Fällen befugt, die abgetretene Forderung als die ihm zustehende zu beanspruchen, so wäre der Cessionar benachtheiligt, welcher nicht wissen kann, ob das vom Kommissionär in eigenem Namen geschlossene Geschäft für eigene oder fremde Rechnung gemacht ist. Bei der Kollision der Ansprüche des Kommittenten, welcher jederzeit die Abtretung hätte fordern können, aber nicht gefordert hat, mit den Ansprüchen des Gläubigers des Kommissionärs, welchem die Forderung abgetreten ist, muß m. E. Letzterer, falls er in gutem Glauben ist, vorgehen. Ist Konkurs eröffnet und die Forderung noch Bestandtheil der Masse, dann ist es ganz billig, daß der Kommittent sie ausgesondert verlangen kann, weil sie noch keinem der Gläubiger übertragen ist

XIV. Zu § 365. Die beiden ersten Absätze stimmen sachlich mit denen des Art. 369 HGB. überein. Schon in der Nürnberger Konferenz wurden verschiedene Beschlüsse darüber gefaßt, ob der Kommissionär ohne Einwilligung des Kommittenten, falls ein solcher Handelsgebrauch am Orte des Geschäfts besteht, nur den Kaufpreis kreditiren oder auch Vorschüsse geben darf. Letzteres wurde schließlich verneint. Die angegebenen Gründe sind m. E. nicht überzeugend, denn die Gefahr des Kommittenten ist beim Kreditiren des Kaufpreises unter Umständen größer als beim Gewähren eines Vorschusses, und wenn der betr. Handelsgebrauch diese Akte als regelmäßige anerkennt, so erhellt nicht, weshalb der Kommittent sich dem einen Gebrauche, nicht aber dem anderen unterwerfen soll, wenn er dessen Anwendung nicht ausschließt.

XV. Zu §§ 374 ff. Diese Bestimmungen wären mit der jetzt feststehenden Fassung des Börsengesetzes in Uebereinstimmung zu bringen.

XVI. Zu § 381. Der 1. Abs. erscheint mir etwas schleppend. Vielleicht wäre es besser zu sagen:

> Spediteur ist, wer gewerbsmäßig übernimmt, in eigenem Namen für Rechnung eines Anderen (des Versenders) die Beförderung von Gütern durch Frachtführer oder Verfrachter von Seeschiffen zu besorgen.

Im Abs. 2 wäre der Zusatz: insbesondere 2c. besser fortzulassen, da er überflüssig ist; will man ihn der größeren Sicherheit wegen aber beibehalten, so wären die Worte „über die Empfangnahme, die Aufbewahrung und die Versicherung des Guts“ zu streichen, weil die §§ 359 bis 362 noch Anderes enthalten (z. B. §§ 360. 361 betr. das Verkaufsrecht). Diese Streichung empfiehlt sich auch, um eine Uebereinstimmung mit § 391 zu erhalten.

XVII. Zu § 390. Es wird zu erwägen sein, ob die Worte: „und Aufbewahrung" beizubehalten sind. Wenn das Gesetz die Uebernahme von Lagerung und Aufbewahrung in die Definition aufnimmt, so wird man genöthigt, eine Unterscheidung in diese Worte hineinzutragen, welche wohl nicht beabsichtigt ist, z. B. daß unter Lagerung nur der Akt der Uebernahme und Unterbringung verstanden ist. Alsdann wäre derjenige kein Lagerhalter, welchem das Korn von dem Einlagerer auf den Boden geschüttet wird, denn er hat es nur aufzubewahren. Da in dem ganzen Titel die Aufbewahrung nicht weiter erwähnt wird, so können die Worte „und Aufbewahrung" gestrichen werden, weil sie dann in den Worten „Uebernahme der Lagerung" sinngemäß mitenthalten sind.

XVIII. Zu § 391. Der § 362 Abs. 2 scheint mir für den Lagerhalter nicht zu passen, da der Einlagerer regelmäßig davon ausgehen wird, daß der Lagerhalter eine Gesammtpolice für alle eingehenden Güter haben wird. Die Sache liegt anders als bei dem Kommissionär. Deshalb könnte man vorschreiben, daß der Lagerhalter zur Versicherung verpflichtet ist, wenn der Einlagerer nicht anders bestimmt.

XIX. Zu § 392. Bei der Neuheit der Regelung des Lagergeschäfts empfiehlt es sich, den Satz der Motive S. 251: der Lagerhalter ist ohne besondere Abrede nicht verpflichtet, die zur Erhaltung des Guts nothwendigen Arbeiten selbst vorzunehmen, in das Gesetz aufzunehmen, denn aus der Bestimmung, daß er diese Arbeiten dem Einlagerer gestatten muß, folgt dies nicht, und aus der Vorschrift (§§ 391. 356) daß er die Sorgfalt eines ordentlichen Kaufmanns (oder Lagerhalters) anzuwenden hat, läßt sich in der Regel bei offenen, unverpackten Gütern auf das Gegentheil schließen. Im Interesse eines klaren, festen Rechtes ist es wünschenswerth zu wissen, ob die Aufbewahrungspflicht sich nur auf die Gewährung des Raumes und Verhütung von Beschädigungen von Außen, oder auch auf die Konservirung der Waare durch Bearbeitung 2c. bezieht. Aus dem Satze des § 394, daß der Lagerhalter Aufwendungen, die er für zweckmäßig halten durfte, ersetzt verlangen kann, folgt nicht, daß er schadensersatzpflichtig ist, wenn er sie im Bedürfnißfalle nicht machte.

XX. § 393. Dieser § schafft neues Recht und zwar in dem Sinne, wie ich es in dem bereits citirten Aufsatze zur Revision der Konkursordnung S. 23 für ähnliche Fälle empfohlen habe. Die Absicht des Entwurfs ist, daß nach der Vermischung die Kommunions-Interessenten ein Absonderungsrecht im Konkurse des Lagerhalters an der ihnen gemeinschaftlich zustehenden Masse haben sollen. Dieser Zweck wird, wie ich glaube, in Folge der §§ 947. 948 des Bürgerlichen Gesetzbuchs in Verbindung mit § 44 der Konkursordnung erreicht.

XXI. Zu § 396. Bei den Lagerhaltern wird es, wie jetzt schon bei den Spediteuren, häufig vorkommen, daß Güter geringeren Werthes längere Zeit liegen bleiben und der zeitige Aufenthalt der Einlagerer nicht bekannt ist. Das Verlangen der Rücknahme kann ihnen dann nicht zugestellt werden. Eine Vorschrift, daß, wenn die Wohnung des Einlagerers nicht zu ermitteln ist, die Einrückung der Aufforderung mit kurzer Frist in den Reichsanzeiger genügt, um dann den Verkauf des Guts zu rechtfertigen oder ein ähnliches Auskunftsmittel wäre rathsam.

XXII. Zu § 421 Abs. 3. Der Frachtführer soll für das Gut haften, wenn er auf Anweisung des Absenders dasselbe anhält, ohne daß der Ladeschein ihm zurückgegeben wird. Diese Androhung paßt für die übrigen im Abs. 3 bezeichneten Fälle der Aushändigung des Guts, nicht aber für jenen Fall, in welchem der Frachtführer im Besitze des Guts bleibt. Hier wäre Schadensersatz anzudrohen.

II.

Bericht über den Entwurf eines Handelsgesetzbuchs, erstattet dem deutschen Anwaltstage 1896

von

Simon.

Der nachstehende Bericht wurde dem Deutschen Anwaltstag in der Sitzung am 12. September 1896 erstattet. Der erste Berichterstatter, Rechtsanwalt Dr. Staub, hatte in seinem — inzwischen besonders im Druck erschienenen — Bericht die wesentlichen neuen Bestimmungen des gesammten Gesetzentwurfs mitgetheilt und kritisch beleuchtet. Der nachstehende zweite Bericht knüpft an diesen Bericht an. Da derselbe mit Rücksicht auf die knappe Zeit seinem Umfange nach beschränkt werden mußte, werden zu III und IV dieser Beiträge weitere Erörterungen über den Entwurf veröffentlicht.

M. H. Sie haben soeben mit dem Kollegen Staub eine amüsante Eisenbahnfahrt durch das Gelände des neuen Handelsgesetzbuchs gemacht. Gestatten Sie mir, Sie zu bitten, zwei sehenswerthe Gebiete, an denen Sie auf dieser schnellen Durchquerung vorübergeeilt sind, mit mir in näheren Augenschein zu nehmen, nämlich die Bestimmungen über die Kaufmannsqualität und das Aktienrecht. Vorher lassen Sie uns aber gemeinsam einen Blick auf das Gesammtbild werfen, welchen uns der Entwurf zeigt.

I.

Die Frage, ob der Entwurf eine geeignete Grundlage für die Reform bietet, beantworte ich gleichfalls mit einem Ja — aber so vorbehaltlos wie der Kollege Staub kann ich dasselbe nicht aussprechen.

Zu bewundern ist im Allgemeinen die klare Sprache, die logische Gliederung der Gedanken und die Anordnung innerhalb der einzelnen Abschnitte. Insbesondere muß die Anordnung des Aktienrechts, das bekanntlich gerade in diesem Punkte sehr im Argen lag, geradezu als meisterhaft bezeichnet werden. Auch die strenge Sachlichkeit, sowie die sorgfältige Beurtheilung der Literatur und Rechtsprechung sind dankbar anzuerkennen. Auf diese Weise erhält z. B. der Abschnitt über die Handelsbücher trotz scheinbarer Geringfügigkeit der Aenderungen wesentliche Verbesserungen. Mit großem Takt ist auch in vielen Punkten die gesetzliche Regelung abgelehnt, in welchen die Materie besser der freien Entwickelung überlassen bleibt.

Aber m. H. — ich habe auch einige Aber.

Zunächst hinsichtlich der **Fassung**. Das alte HGB. konnte man lesen; das neue muß man unter ängstlicher Zuhilfenahme des BGB. studiren. Auf Schritt und Tritt findet man Verweisungen auf einzelne Paragraphen des BGB. Und dies nicht nur dann, wenn die betr. Vorschriften des BGB. glatt übernommen, sondern auch dann, wenn sie in wesentlichen Punkten abgeändert werden. Nehmen Sie z. B. die Lehre von der offenen Handelsgesellschaft. In dem geltenden HGB. ist dieselbe abschließend geordnet; wer den Abschnitt gelesen hat, weiß, was Rechtens ist. Das soll aufhören. Sofort im Eingang starren die Worte entgegen: auf die offene Handelsgesellschaft finden die Grundsätze des BGB. über die Gesellschaft Anwendung, soweit nicht im HGB. ein Anderes bestimmt wird (§ 94 Abs. 2).

Also das Bürgerliche Gesetzbuch aufgeschlagen! Man liest den ganzen Abschnitt durch, trotzdem viele Bestimmungen sogleich unanwendbar erscheinen. Dann liest man die Vorschriften des HGB. über die offene Handelsgesellschaft durch. Ist man damit fertig, so muß man sich eine Aufstellung machen, was nun eigentlich vom Bürgerlichen Gesetzbuche für die offene Handelsgesellschaft gilt. Dabei kann man sich irren und aus solchen Irrthümern entstehen Prozeßkosten, unrichtige Urtheile und Kontroversen. Wozu das Alles? Weshalb nicht einfach das, was aus dem bürgerlichen GB. übernommen werden soll, im HGB. bezeichnen? Weshalb nicht das Recht der offenen Handelsgesellschaft im HGB. so abschließend kodifiziren, daß jeder, der das Gesetz liest, weiß, woran er ist. Erstlich der Kaufmann; er hat m. E. einen Anspruch darauf. Kollege Staub verweist auf Kommentare, welche da schon eingreifen werden. Ich zweifle nicht, daß Kollege Staub rechtzeitig auf dem Platze sein wird und wir wünschen seinem neuen Kommentar gewiß von Herzen alles Gute, wie wir ihm für seinen jetzigen dankbar sind — aber, daß ich dem Gesetzgeber empfehlen soll, jemanden, der das Handelsgesetzbuch lesen will, zu zwingen, den Staub'schen Kommentar zu kaufen, — soweit geht meine Konnivenz gegen den verehrten Kollegen nicht. Und dann noch ein weiteres! Unser HGB. hat nicht nur eine nationale Bedeutung, sondern auch internationale. Die Rechtsausgleichung auf dem Gebiet des Handelsrechts wird immer weitere Dimensionen annehmen. Wenn früher bei jeder Rechtsausgleichung der französische code de commerce den bedeutsamsten Einfluß hatte, wenn er in vielen Ländern mit nur unbedeutenden Abweichungen zur Einführung gelangte, so lag der Grund größtentheils in seinen formalen Vorzügen. Wir müssen auch durch die Form unserer Gesetzgebung zu erreichen suchen, daß das deutsche HGB. bei der Rechtsausgleichung maßgebende Bedeutung erhält. Die Erreichung dieses Wunsches wird sehr erschwert, wenn wir ein HGB. schaffen, aus welchem z. B. nicht einmal das Recht der offenen Handelsgesellschaft vollständig zu entnehmen ist.

Mein zweites Aber betrifft den **Umfang** der Kodifikation. Das Wesen jeder Kodifikation besteht in der Zusammenfassung des Rechts. Man hat das Handelsrecht im neuen HGB. nicht zusammengefaßt.

Zunächst fehlen diejenigen Materien, welche inzwischen durch besondere Gesetze geordnet sind. Gerade diese mußten in die neue Kodifikation hineingezogen werden. Wir haben jetzt z. B. gesetzlich nicht vier Arten von Handelsgesellschaften, sondern fünf oder richtiger sechs, nämlich außer den vier Arten des HGB. die Gesellschaft mit beschränkter Haftung und die nach dem Kolonialgesetz von 1888 gebildeten Gesellschaften. Solche Materien müssen m. E. in den Entwurf hineingearbeitet werden, weil das HGB. sonst ohne Grund unvollständig werden würde und weil, wie ich später noch zeigen werde, auch die sachlichen Vorschriften unter dieser Unvollständigkeit leiden. — Ein anderer Theil des Handelsrechts hat im neuen Entwurf des HGB. keine Stelle gefunden, weil man mit den gesetzgeberischen Vorarbeiten dazu noch nicht fertig geworden ist. So das Verlagsrecht, das Versicherungsrecht. Ich bedauere dies ungemein, zumal vielfach die rechtliche Ausgestaltung von Grundhandelsgeschäften in Frage steht. Ich bedauere dies auch deswegen, weil das HGB. auf diese Weise wieder ein Torso bleibt und ihm dies auch in seiner internationalen Bedeutung schadet. Denn ein das moderne Handelsrecht vollständig kodifizirendes Gesetzbuch muß ganz anders imponirend wirken und vor allem: es wird als Muster für das Ausland auch inhaltlich die Rezeption deutscher Rechtsgedanken fördern.

Mein drittes Aber betrifft die Art und Weise, wie das **geltende Recht** behandelt wird. Gewiß sollte man die Gelegenheit benutzen, um offenbaren Mißständen entgegenzutreten und veraltete Bestimmungen zu ändern. Aber aus theoretischen Erwägungen darüber hinauszugehen, scheint mir nicht angebracht und sollte vermieden werden, da die Folgen, selbst einer unbedeutenden Gesetzesänderung, häufig nicht zu übersehen sind.

So finden wir z. B. im Entwurf die Bestimmung, daß Aktiengesellschaften ihrer Firma den Zusatz „Aktiengesellschaft" machen müssen.

Das ist eine Erschwerniß, schon weil dadurch die Firmen sehr lang werden. Es ist aber auch kein Bedürfniß hierfür vorhanden; mir ist kein Fall bekannt geworden, in welchem jemand durch das Fehlen des Zusatzes in Irrthum versetzt sei. Heißt eine Gesellschaft „Neptun", so weiß jedermann, daß es sich um eine Aktiengesellschaft handelt; niemand wird auf den Gedanken kommen, daß ein Herr Neptun persönlich hafte und daß man ihm im Wege der Zwangsvollstreckung eventuell seinen Dreizack abpfänden könne.

Ein anderes Beispiel. Nach dem geltenden Aktienrecht haben Aktionäre, welche den zwanzigsten Theil des Grundkapitals vertreten, die Befugniß, die Berufung der Generalversammlung zu verlangen; wird dies verweigert, so kann das Gericht sie ermächtigen, die Generalversammlung zu berufen. Das Gericht konnte dadurch chikanöse oder unvernünftige Anträge ablehnen. Jetzt will man das Gericht zwingen, jedem formell gerechtfertigten Antrag stattzugeben. Wenn jemand den Antrag stellen will, das Aktienkapital sofort unter die Aktionäre zu vertheilen, soll der Richter ihm die Ermächtigung geben müssen, zu diesem Zweck eine Generalversammlung zu berufen. Jemand, der $^1/_{20}$ des Grundkapitals besitzt, könnte sich das barbarische Vergnügen machen, alle vier Wochen die Aktionäre zusammenzutrommeln. Daß in der Praxis Mißstände sich gezeigt hätten, welche eine solche Aenderung rechtfertigten, ist niemals bekannt geworden.

Die schon vom Kollegen Staub erwähnte Aenderung im Speditionsrecht bezüglich der Sammelladungen hat geradezu einen Sturm unter den Spediteuren hervorgerufen. Irgend ein Nothstand lag sicher nicht vor; würde das BGB. nicht die Anpassung des HGB. zur Nothwendigkeit machen, so würden die Bestimmungen über das Speditionsrecht niemals geändert worden sein. Warum also diese Aenderung? Der Kaufmannsstand klagt ohnehin über die fortdauernden Eingriffe des Gesetzgebers und verlangt nur freie Bahn zur Entfaltung. Warum also hier ein Eingriff in das bestehende Recht, durch welchen in Höhe von vielen Millionen Mark die Interessen nicht nur von Gewerbetreibenden, sondern auch kleiner Leute betroffen werden und durch welche an einer wesentlichen Grundlage des deutschen Speditionsgeschäfts derartig gerüttelt wird, daß sich die Wirkungen noch gar nicht übersehen lassen?

Die Beispiele ließen sich mehren. Der Gesetzgeber sollte auch hier das von unserm Altreichskanzler einmal in Bezug genommene Mahnwort beherzigen: quieta non movere.

Ich fasse hiernach meine allgemeine Ansicht dahin zusammen:

Der Entwurf giebt eine gute, zum Theil vortreffliche Grundlage für das Gesetz; indessen ist zu verlangen:

1) größere Selbstständigkeit in der Fassung, insbesondere thunlichste Vermeidung der Verweisungen auf das BGB.,
2) Erweiterung der Materien, insbesondere Hineinarbeitung der besonderen Handelsgesetze,
3) schonendere Behandlung des geltenden Rechts.

II.

Was die Einzelheiten anbetrifft, so findet sich die wesentlichste Umgestaltung bezüglich der gesetzlichen Voraussetzungen der Kaufmannsqualität. Das HGB. kennt nur eine Klasse von Kaufleuten, nämlich solche, welche ein Handelsgewerbe betreiben. Wer dies thut, ist Kaufmann — ob er sich in das Handelsregister eintragen läßt oder nicht, ob er daneben einen landwirthschaftlichen Betrieb hat oder nicht.

Der neue Entwurf beseitigt die objektiven Handelsgeschäfte. Auf die Frage, ob das rein subjektive System der Handelsgeschäfte sich in der That empfiehlt, will ich hier nicht näher eingehen.

Jedenfalls ist ein Bedürfniß entschieden hervorgetreten, nämlich dasjenige einer Erweiterung der Handelsgeschäfte und der Kaufmannsqualität. Der Entwurf unterscheidet nun aber drei Klassen von Kaufleuten, nämlich

1) Personen, welche von selbst Kaufleute sind, mögen sie in das Handelsregister eingetragen sein oder nicht,
2) Personen, welche sich in das Handelsregister eintragen lassen sollen, die aber nicht Kaufleute sind, wenn sie nicht eingetragen werden,
3) Personen, welche nur die Befugniß haben, sich in das Handelsregister eintragen zu lassen und andernfalls nicht Kaufleute sind.

Man kann diese drei Klassen Mußkaufleute, Sollkaufleute und Kannkaufleute nennen. Mußkaufleute sind diejenigen, welche eine der im Gesetzentwurfe (§ 1) namentlich aufgeführten Arten von Handelsgeschäften betreiben. Sollkaufleute sind diejenigen, welche ein sonstiges gewerbliches Unternehmen haben, das nach Art und Umfang einen nach kaufmännischer Weise eingerichteten Geschäftsbetrieb erfordert. Kannkaufleute sind Land- und Forstwirthe, welche ein kaufmännisches Nebengewerbe betreiben.

An Komplizirtheit läßt zunächst diese Dreitheilung nichts zu wünschen übrig. Schon deswegen sollte man sich vor derselben hüten. Aber die sachlichen Bedenken sind noch viel gewichtiger.

Zu den Sollkaufleuten sollen Ziegeleibesitzer, Bergwerksunternehmer u. dergl. gehören, vor allem aber auch die Bauunternehmer. Daß die letzteren Kaufleute werden und Handelsbücher führen sollen, ist eine durchaus berechtigte und populäre Forderung. Nun ist mir zunächst sehr fraglich, ob man von jedem Bauunternehmer sagen kann, daß sein Unternehmen einen nach Art und Umfang in kaufmännischer Weise eingerichteten Geschäftsbetrieb erfordert. In den Berliner Vororten rekrutirt sich ein Theil der Bauunternehmer aus mittellosen Schlafstellenbesitzern, welchen es nur darauf ankommt, einige Hundert Mark Baugeld bei Seite zu schaffen. Ob ein solches Unternehmen einen kaufmännischen Betrieb erfordert, erscheint mir zweifelhaft. Nehmen wir aber einmal an, jeder Bauunternehmer falle unter die Begriffsbestimmung und wäre Sollkaufmann. Braucht er dann Bücher zu führen? Keineswegs. Er braucht dies erst zu thun, wenn er in das Handelsregister eingetragen wird. Dazu ist aber ein Antrag von ihm erforderlich. Stellt er den Antrag nicht, so braucht er nach dem Entwurf keine Bücher zu führen. Nun wird man vielleicht den Einwand erheben: der Registerrichter kann ihn ja durch Ordnungsstrafen dazu anhalten. Man stelle sich aber einmal die Praxis vor. Friedrich Wilhelm Schulze ist Bauunternehmer in Rixdorf. Das Gesetz will, daß er durch Ordnungsstrafen angehalten wird, sich als Kaufmann eintragen zu lassen. Dazu muß aber zunächst der Registerrichter wissen, ob der Friedrich Wilhelm Schulze in Rixdorf Bauunternehmer ist. Wenn er etwas davon erfährt, wird Schulze vielleicht schon verschwunden sein. Erfährt er es aber rechtzeitig und verhängt über unsern Friedrich Wilhelm Schulze eine Ordnungsstrafe, so wird dieser sich doch hüten, den Antrag auf Eintragung in das Handelsregister zu stellen, weil er dann Bücher führen müßte. Eine zwangsweise Eintragung in das Handelsregister giebt es ja nicht. Und vor der Ordnungsstrafe wird Freund Schulze, wie ich ihn kenne, keine Angst haben; denn wenn der Gerichtsvollzieher kommt, wird ihm wohl Schulze das Offenbarungseidprotokoll vorlegen können. Und so kommt der Staatsanwalt doch um die ihm gebührende Beute.

M. H. Derartige Vorschriften wirken wie ein Messer ohne Klinge. Alle Welt glaubt: jetzt ist etwas Ordentliches gegen böswillige Bauunternehmer geschehen, und schließlich ist's doch nichts. Mir erscheint der gesetzgeberische Gedanke, welcher zur Schaffung der Sollkaufleute führte, überhaupt wenig glücklich; von denjenigen, die Kaufleute sein sollen, müßte man auch bestimmen, daß sie Kaufleute sind, selbst wenn sie sich zu Unrecht nicht in das Handelsregister haben eintragen lassen. Ueberhaupt kann ich nicht begreifen, wie man eine Prämie darauf setzen kann, wenn jemand die ihm obliegende Pflicht zur Eintragung nicht erfüllt. Ich halte dies um so weniger für angezeigt, als im Uebrigen der Entwurf im § 14 einen Rechtsgrundsatz aufstellt, welcher des allgemeinen Beifalls sicher ist: wer sich pflichtwidrig nicht eintragen läßt, ist trotzdem Kaufmann, kann aber gegen Dritte aus der Kaufmannseigenschaft Rechte nicht ableiten.

Und nun die Kannkaufleute: Landwirthe und Forstwirthe mit einem kaufmännischen Nebengewerbe. Sie sollen an sich nicht mehr Kaufleute sein. M. H., lassen Sie mich ein Beispiel anführen, wohin eine solche Bestimmung führen würde. Graf X ist Eigenthümer eines großen Rittergutes; mit demselben sind große Spiritus-, Stärke- und Zuckerfabriken verbunden, welche an sich kaufmännische Gewerbe wären. Da aber der Graf hauptsächlich Landwirthschaft betreibt, soll er nur dann Kaufmann sein, wenn er sich in das Handelsregister eintragen läßt, und das letztere findet er nicht angezeigt. Eines Tages verkauft er seine Fabriken ohne das Rittergut an den Kommerzienrath Y, welcher, da er nicht auch Landwirth ist, von selbst Kaufmann wird und sich in das Handelsregister eintragen läßt. Nach einigen Jahren kauft der Kommerzienrath Y dem Grafen auch das Gut ab, so daß er jetzt genau in derselben Lage ist wie früher der Graf. Und nunmehr geht er zum Registerrichter und erklärt: ich habe das Gut zugekauft; ich bin daher nicht mehr Kaufmann, wenn ich es nicht sein will, und beantrage, mich im Handelsregister zu löschen. Wird der Entwurf Gesetz, so wird der Registerrichter dem Antrage stattgeben müssen; was dem Grafen recht ist, ist dem Kommerzienrath billig. Eine gesetzliche Bestimmung, welche solche Ergebnisse haben kann, wird schwerlich gebilligt werden können.

Ich erkenne indessen an, daß die Erwägung, aus welcher die Bestimmung hervorgegangen ist, durchaus Berücksichtigung verdient. Landwirthe und Forstwirthe, welche ein kaufmännisches Gewerbe betreiben, wehren sich in erster Reihe gegen die Verpflichtung zur Führung von Handelsbüchern für ihre land- und forstwirthschaftlichen Gewerbe. Auch in der Landwirthschaft werden, zumal jetzt mit Rücksicht auf die Steuergesetzgebung, Bücher geführt, und es ist dringend wünschenswerth, daß dies geschieht. Das sind aber, mit vereinzelten Ausnahmen, keine kaufmännischen Bücher, und die Führung solcher kann man für die eigentlichen landwirthschaftlichen Gewerbe nicht verlangen — es ist sogar fraglich, ob sie nützlich wäre. Man muß also, wenn jemand zugleich Landwirth und Kaufmann ist, ausdrücklich bestimmen, daß er für die Landwirthschaft keine Handelsbücher zu führen hat, sofern er eine ordnungsmäßige landwirthschaftliche Buchführung besitzt. Aehnliche Bestimmungen werden für den Bergbau zu treffen sein; für die Gewerkschaften würde das neue Handelsgesetzbuch ihre eigenthümliche von dem Obertribunal und dem Oberverwaltungsgericht anerkannte, durch das System der Zubußen und Ausbeuten gerechtfertigte Art der gewerkschaftlichen Buchführung vollständig über den Haufen werfen. Auch hier heißt es: quieta non movere.

III.

M. H., ich gelange nunmehr zum Aktienrecht.

1. Da fällt zunächst auf, daß der Entwurf die Definition, richtiger: die Kennzeichnung des Wesens der Aktiengesellschaft gestrichen hat. Bisher hieß es: eine Aktiengesellschaft ist vorhanden, wenn sich die sämmtlichrn Gesellschafter nur mit Einlagen betheiligen, ohne persönlich für die Verbindlichkeiten der Gesellschaft zu haften, und daß das Einlagekapital in Aktien zerlegt wird. Künftig soll es nur noch heißen: Bei Aktiengesellschaften sind die sämmtlichen Gesellschafter mit Einlagen auf das in Aktien zerlegte Grundkapital betheiligt, ohne persönlich für deren Verbindlichkeiten zu haften.

Die Aenderung erscheint auf den ersten Blick kaum erheblich. Weshalb trotzdem dieser Aenderungsvorschlag?

Als vor Jahren die ersten deutschen Kolonialgesellschaften gegründet werden sollten, glaubte man mit Recht, mit dem Aktienrecht nicht vorwärts zu kommen. In Folge dessen wandte man sich an die preußische Regierung und erhielt von dieser Korporationsrechte nach den Bestimmungen des ALR. Damals veröffentlichte ich in der Zeitschrift für HR. einen Aufsatz, in welchem ich den Nachweis versuchte, daß diese Verleihung der Korporationsrechte gegen das Reichsrecht verstoße. Denn jene Gesellschaften fallen nach der Definition des HGB. unter den Begriff der Aktiengesellschaften und über die Gründung und Verwaltung von Aktiengesellschaften bestimme ausschließlich das HGB. Die partikularrechtlichen Vorschriften, nach denen die Bildung von AG. früher zulässig war, seien reichsrechtlich aufgehoben. Um eine besondere Form für Kolonialaktiengesellschaften zu haben, sei es nöthig, die Klinke der Reichsgesetzgebung in die Hand zu nehmen. Die Regierung hat, wie von maßgebender Stelle jüngst in einer Versammlung der Gesellschaft für vergleichende Rechtswissenschaft anerkannt wurde, die rechtlichen Bedenken nicht verkannt, welche der Verleihung der Korporationsrechte entgegenstanden, und so mag es gekommen sein, daß sie den §. 3. bei Berathung des Kolonialgesetzes von 1888 in der Reichstagskommission gemachten Vorschlag acceptirte, wonach Kolonialgesellschaften durch den Bundesrath inkorporirt werden können und die so gegründeten Kolonialgesellschaften von dem HGB. eximirt wurden.

Die Motive zum neuen HGB. ergeben nun, daß gerade diese Vorgänge den Anlaß gegeben haben, jene Vorschrift zu streichen. Wird der Entwurf Gesetz, so wird man künftig nur noch sagen können: Eine Aktiengesellschaft im Sinne des HGB. ist vorhanden, wenn eine Gesellschaft als Aktiengesellschaft gegründet und eingetragen ist. Ich kann die Streichung nur als im höchsten Grade bedenklich bezeichnen. Es ist bekannt, daß in manchen Bundesstaaten insbesondere in den Hansastädten, lebhafte Klagen über die Fesseln des Aktiengesetzes geführt werden. Ist nicht jede Gesellschaft, welche materiell als Aktiengesellschaft anzusehen ist, von Reichswegen derartig als solche zu betrachten, daß sie nur in den Formen des HGB. zur Entstehung gelangen kann, so könnte z. B. der Staat Hamburg jeder Zeit ein neues Gesetz erlassen, wonach in Hamburg auch in anderer Weise Aktiengesellschaften zur Gründung und Eintragung gelangen können. Es ist daher nothwendig, die Bestimmungen des HGB. für alle Gesellschaften, die sachlich Aktiengesellschaften sind, als ausschließlich maßgebend zu erklären, wenn man die Möglichkeit ausschließen will, die Rechtseinheit auf diesem Gebiete durch neue Partikulargesetze zu zerstören.

Aber noch aus einem andern Gesichtspunkte halte ich es für nöthig, daß das HGB. sich nicht darauf beschränkt zu sagen: eine Aktiengesellschaft ist vorhanden, wenn eine Gesellschaft als Aktiengesellschaft zur Eintragung gelangt ist. Ich meine: die Nothwendigkeit der Abgrenzung von den Gesellschaften mit beschränkter Haftung. Daß eine solche Abgrenzung nicht geschehen, hat seine Ursache gewiß zum Theil darin, daß man es unterlassen hat, die Ges. mit beschr. H. im Entwurf zu ordnen. Beide Arten von Handelsgesellschaften haben das Gemeinsame, daß bei ihnen die Haftung aller Gesellschafter gesetzlich auf das Einlagekapital beschränkt ist. Der Unterschied liegt darin, daß die AG. auf dem Aktienprinzip gebaut ist, während die Anwendung desselben bei den Gesellschaften mit beschr. H. ausgeschlossen ist. Das Aktienprinzip, wie es sich nach der modernen kontinentalen Rechtsentwicklung darstellt, beruht in der Eintheilung des Einlagekapitals in grundsätzlich gleiche Theile, über welche Urkunden ausgegeben werden, die Träger des Rechts sind. Bei den Gesellschaften mit beschr. H. wird das Kapital nicht in gleiche Theile eingetheilt, sondern jeder Betheiligte hat einen Antheil und die Gesellschaft hat so viele Antheile ausgegeben als sie Gesellschafter hat; Urkunden, welche Träger des Antheilsrechts sind, dürfen nicht ausgegeben werden. Die neue gesetzliche Definition der Aktiengesellschaft müßte daher im Anschluß an das geltende Recht und unter Berücksichtigung der inzwischen geschaffenen Gesellschaften mit beschränkter Haftung lauten:

> Eine Gesellschaft ist eine Aktiengesellschaft, wenn sich die sämmtlichen Gesellschafter nur mit Einlagen betheiligen, ohne persönlich für die Verbindlichkeiten der Gesellschaft zu haften und wenn das Einlagekapital in Aktien zerlegt ist.

Und dieser Begriffsbestimmung könnte füglich alsbald zur Klarstellung hinzugefügt werden, daß bei Aktiengesellschaften auch durch Gesellschaftsvertrag eine weitergehende Einlagepflicht den Aktionären nicht auferlegt werden darf. Bei den Gesellschaften mit beschränkter Haftung können dagegen bekanntlich den Gesellschafter durch das Statut gewisse weitere Verbindlichkeiten auferlegt werden.

2. Noch nach anderen Richtungen hin macht sich die Nichtberücksichtigung der neuen Gesellschaftsform bei der Behandlung des Aktiengesetzes geltend.

Nach dem Handelsgesetzbuch in der ursprünglichen Fassung fielen unter dasselbe nur diejenigen Aktiengesellschaften, welche ein Handelsgewerbe betrieben. Die Novelle von 1870 unterstellte ihm auch diejenigen Aktiengesellschaften, welche kein Handelsgewerbe betreiben — also auch diejenigen, welche überhaupt kein Gewerbe betreiben. Die letztgedachte Folge war eigentlich zu weit gehend. Denn es widerspricht dem Prinzip des Handelsrechts, wie weit man auch den Begriff des Handels ausdehnen mag, Gesellschaften, welche überhaupt nicht Erwerbsgesellschaften sind, einzubeziehen. Wenn man trotzdem alle möglichen gemeinnützigen u. dgl. Vereine die Form der Aktiengesellschaft wählen ließ, so lag dies daran, daß in anderer Weise dem zweifellos vorhandenen Verkehrsbedürfniß nicht hätte entsprochen werden können, da die privatrechtliche Gestaltung des Vereinsrechts in den meisten Bundesstaaten, insbesondere in Preußen, sehr im Argen lag, und da überdies in anderer Weise eine Beschränkung der Haftung aller Theilnehmer nicht erreichbar war. Bereits seit dem Gesetz vom 20. April 1892 ist ein Bedürfniß für die Existenz von Aktiengesellschaften, welche keinen Gewerbebetrieb haben, nicht mehr vorhanden, und es hätte sich schon aus diesem Grunde empfohlen, Vergnügungsvereine, Korpskneipen u. dergl. von dem Aktiengesellschaftsrecht auszuschließen. Mit dem Inkrafttreten des Bürgerlichen Gesetzbuchs ist aber nicht nur für derartige Vereine eine breite gesetzliche Grundlage gegeben, sondern ich würde es geradezu für eine Antinomie halten, wenn das Handelsgesetzbuch keine Schranken bezüglich des Gegenstandes des Unternehmens ziehen würde. Denn der § 21 des Bürgerlichen Gesetzbuchs bestimmt:

> Ein Verein, dessen Zweck nicht auf einen wirthschaftlichen Geschäftsbetrieb gerichtet ist, erlangt Rechtsfähigkeit durch Eintragung in das Vereinsregister des zuständigen Amtsgerichts.

Demgemäß müßte, schon im Interesse der Kongruenz zwischen BGB. und HGB., jetzt unter die aktienrechtlichen Vorschriften die Bestimmung aufgenommen werden:

> Der Gegenstand des Unternehmens muß in einem Gewerbebetrieb bestehen.

Das gleiche gilt übrigens auch bezüglich der Gesellschaften mit beschränkter Haftung.

3. Die Aktiengesellschaften sind Kapitalgesellschaften. Für sie ist nach dem Aktienprinzip die Person der Aktionäre gleichgiltig. Ein engerer Anschluß der Letzteren an die Gesellschaft ist in ihrem Wesen nicht begründet. Die freie Uebertragbarkeit der Antheile durch Uebergabe der Aktienurkunden ist geradezu der Ausgangspunkt des Aktienprinzips. Der schon oben erwähnte Zustand der früheren Gesetzgebung, welche eine Beschränkung der Haftung aller Gesellschafter auf die Einlage nur bei Aktiengesellschaften kannte, hatte zur Folge, daß man auch in Fällen, in denen die Gesellschafter fest an die Gesellschaft geschlossen sein sollten, die Form der Aktiengesellschaft wählte und prinzipwidrig den Uebergang der Aktie von der Genehmigung der Gesellschaft abhängig machte. So lange das Verkehrsbedürfniß in anderer Weise nicht befriedigt werden konnte, mochte man gegenüber dieser Inkonsequenz ein

Auge zudrücken; seitdem aber die Reichsgesetzgebung eine neue Gesellschaftsform geschaffen hat, welche gerade den Ausschluß der persönlichen Haftung neben einem persönlich engeren Anschluß an die Gesellschaft ermöglicht hat, ist hierfür keinerlei Bedürfniß mehr vorhanden. Daraus ergiebt sich, daß die Abhängigmachung der Uebertragbarkeit der Aktie von der Genehmigung der Gesellschaft künftig auszuschließen ist. Es fällt somit auch die hiermit im Zusammenhange stehende für diesen Fall vorgesehene Zulässigkeit der Ausgabe von Aktien unter 1000 M. und, da auch für den andern im Gesetz vorgesehenen Fall (Art. 207a Abs. 2 HGB.) jetzt durch die Gesellschaften mit beschränkter Haftung ausreichend Fürsorge getroffen ist, so können die Ausnahmen, welche für den Mindestbetrag der Aktien von 1000 M. im Aktiengesetz vorgesehen sind, völlig gestrichen und dadurch die bezüglichen Bestimmungen wesentlich vereinfacht werden.

4. Im Zusammenhang hiermit steht die Frage, ob Aktien mit Rübenlieferungspflicht ferner zulässig sein sollen. Diese bisher kontroverse Frage beantwortet der Entwurf im Sinne der Bejahung. Ich kann nur die Streichung der betreffenden Bestimmungen befürworten. Gerade bei den Rübenaktien ist die Person der Gesellschafter wesentlich und die Uebertragung grundsätzlich ohne Zustimmung der Gesellschaften unzulässig. Es giebt keinen wirthschaftlichen Zweck der Zuckerfabriken, welche auf dem Prinzip der Rübenlieferungspflicht gegründet sind, welcher nicht durch die Gesellschaft m. beschr. H. oder durch die Genossenschaft befriedigt werden könnte. Weshalb soll hier jetzt, nachdem durch andere Gesetze für das wirthschaftliche Bedürfniß vollständig ausgesorgt ist, nochmals völlig prinzipwidrig auch die Aktiengesellschaft für zulässig erklärt werden? Völlig prinzipwidrig ist dies hier nicht nur aus dem Grunde, weil ein enger Anschluß an die Gesellschaft verlangt wird, sondern vor Allem auch deswegen, weil jetzt geradezu gesetzlich ein Fall konstruirt werden soll, in welchem der Aktionär als solcher gegenüber der Gesellschaft Verbindlichkeiten über den Betrag seiner Einlage hinaus hat.

5. Das Aktienprinzip ergiebt, daß jedem Aktionär ein Anspruch auf Zufertigung einer Aktie gewährt werden muß. Diese Frage ist bisher nicht unbestritten; es empfiehlt sich darum, daß dieselbe gesetzlich klargestellt wird.

6. Der Entwurf kennt drei Arten von Aktien: Inhaberaktien, Ordreaktien und Namensaktien. Von diesen drei Arten sind die Namensaktien an sich überflüssig; denn die Aktien sind grundsätzlich

Rechtsträger und ohne Zustimmung der Gesellschaft übertragbar, und es empfiehlt sich nicht, eine Aktienform beizubehalten, welche nur geeignet ist, die grundsätzlichen Unterschiede zwischen Aktiengesellschaft und Gesellschaft mit beschränkter Haftung zu verwischen.

Was die Ordreaktie anbetrifft, so wird sie thatsächlich im öffentlichen Verkehr, mit Blankogiro versehen, verkauft und verpfändet wie eine Inhaberaktie. Das Publikum weiß gar nicht, daß die dinglichen Wirkungen der Uebergabe einer Inhaberaktie und einer in blanko indossirten Ordreaktie wesentlich verschieden sind, daß insbesondere der weitgehende Schutz gestohlener und verlorener Inhaberpapiere gemäß Art. 307 HGB. auf Ordrepapiere keine Anwendung findet. Wenn ich gelegentlich Kaufleute auf diese Unterschiede aufmerksam machte, wurde ich im besten Fall für einen öden Theoretiker erklärt, jedenfalls wurde meine Ansicht als im Widerspruch mit der Auffassung des praktischen Lebens stehend angesehen. Der Entwurf erkennt an, daß das geltende Recht den Bedürfnissen des Verkehrs nicht entspricht und schützt den gutgläubigen Erwerber einer Ordreaktie in gleicher Weise wie den gutgläubigen Erwerber einer Ordreobligation, indem es den Art. 74 der Wechselordnung für anwendbar erklärt. Weshalb nicht einen Schritt weitergehen, die Ordreaktie streichen und nur noch die Inhaberaktie zulassen? Dem Wesen der Aktiengesellschaft entspricht diese Form des Werthpapieres gewiß am meisten; sie bringt klar zum Ausdruck, daß nur eine Kapitalbetheiligung, keine Personalbetheiligung vorliegt. Die Ordreaktie ist auch in neuerer Zeit so gut wie unpraktisch geworden. Ihre Entstehung verdankt sie, wie namentlich aus den älteren spanischen Statuten deutlich zu ersehen ist, der Furcht, daß Cessionen von Aktien unter pari als unter die lex Anastasiana fallend angesehen werden würden. In den fünfziger Jahren wurde sie vielfach gewählt, aber fast ausschließlich bei den der Konzession nicht bedürfenden und daher mit Vorliebe gegründeten Kommanditgesellschaften auf Aktien, welche Inhaberaktien bis zum Aktiengesetz von 1884 nicht ausgeben durften. Nachdem ihre Uebertragung in ihren dinglichen Wirkungen mit Recht den Inhaberpapieren auch gesetzlich genähert werden soll, sehe ich keinen Grund ein, weshalb das im Wesentlichen veraltete Institut der Ordreaktie noch in das neue Jahrhundert hinein konservirt werden soll.

M. H. Sie werden sich der Ueberzeugung nicht verschließen, nach wie vielen Richtungen hin das Aktienrecht vereinfacht wird, wenn nur noch eine Form der Aktie existirt und diese eine Form nach der augenscheinlichen Tendenz des Verkehrs und dem Wesen des Aktienprinzips gestaltet ist.

7. Bezüglich der Revisionen bei der Gründung enthält der Entwurf eine weitere Ausgestaltung der bestehenden Bestimmungen. Da nach Lage der Dinge die mir in ihrem Werth allerdings zweifelhaft erscheinende Revision selbst nicht angetastet werden wird, so können die neuen Bestimmungen nur dankbar begrüßt werden.

Bisher konnte die Revision durch geschickte Vertheilung der Rollen sehr leicht umgangen werden. Dies wird jetzt wesentlich erschwert, indem bei qualifizirten Gründungen die Prüfung ohne besondere Revisoren stets unmöglich gemacht wird.

Ausdrücklich wird jetzt bestimmt, daß die Revisoren auch zu prüfen haben, ob bezüglich der Angemessenheit der für die eingelegten oder übernommenen Gegenstände gewährten Beträge Bedenken obwalten. Die Revisionsberichte sollen auch nach dem Entwurf nicht veröffentlicht werden. Man wird dem zustimmen können. Aber es fragt sich: welchen Zweck hat der Revisionsbericht, wenn er einfach in den Akten des Registergerichts begraben wird. Das Publikum sieht ihn nicht an. Die Revisoren hatten Bedenken, die Gesellschaft wird trotzdem eingetragen und kein Hahn kräht mehr danach. M. E. muß das Gericht im Falle der Zustimmung des zur Ernennung der Revisoren befugten Organs des Handelsstandes auch die Befugniß haben, mit der Eintragung der Gesellschaft zugleich bekannt zu machen, daß die Revisoren bezüglich der Gründung Bedenken geäußert haben. Dann ist das Publikum gewarnt. In allen Fällen, in denen ein Revisor Bedenken geäußert hat, eine solche Bekanntmachung zu erlassen, würde ich nicht für angemessen erachten. Denn erstlich kann das Bedenken untergeordneter Natur sein und außerdem wird von dem Handelsorgan möglicher Weise das Bedenken als hinfällig oder ungerecht erachtet werden. Erachtet das Handelsorgan aber das Bedenken für erheblich, dann ist es m. E. die Pflicht der Gesetzgebung, dafür zu sorgen, daß wenigstens die Thatsache, daß solche Bedenken obwalten, allgemein bekannt werde. Ist ein Organ des Handelsstandes nicht vorhanden, so wird die Bestimmung lediglich dem Registergericht zu überlassen sein.

Durchaus anerkennenswerth erscheint mir die fernere Bestimmung, daß die Revisoren weitere Auskunft von den Gründern verlangen können und daß, wenn das zur Ernennung von Revisoren bestimmte Organ dies Verlangen für gerechtfertigt erklärt, die Eintragung bis zur

Ertheilung der Auskunft unterbleibt. In gleicher Weise muß für zutreffend erachtet werden, daß künftig die Revisoren dadurch von den Gründern unabhängig gemacht werden, daß die Vergütung von dem zu ihrer Berufung befugten Organ festgesetzt wird; zu erwägen bliebe, ob nicht die Annahme einer höheren Vergütung strafrechtlich zu verbieten wäre.

9. Die Bestimmungen über die Eintragung der Gesellschaften enthalten nichts wesentlich Neues, aber in den Einzelheiten überall Verbesserungen.

10*) In neuerer Zeit ist vielfach die Frage erörtert worden, in welcher Weise der Gewinn zu vertheilen ist, wenn ein Theil der Aktien vollgezahlt ist, ein anderer Theil dagegen nicht. Die Frage ist nämlich deswegen sehr akut, weil nicht vollgezahlte deutsche Aktien nach den Usancen der deutschen Börsen seit dem Gesetz von 1884 nicht mehr zum Handel zugelassen werden, weil sie nicht mehr liberirt werden können. Eine Gesellschaft, welche ein Kapital von 10 000 000 M. hat und nur 7 000 000 M. gebraucht, gab früher die gesammten 10 000 000 M. mit 70 % Einzahlung aus und brachte sie so in den Handel. Jetzt giebt man in solchen Fällen 6 000 000 M. vollgezahlte und 4 000 000 M. mit 25 %, also mit 1 000 000 M, eingezahlte Aktien aus und deckt so den Kapitalbedarf von 7 000 000 M.; dann sind wenigstens 6 000 000 M. Aktien börsenfähig. Nach dem Entwurf soll in einem solchen Falle der Reingewinn nach Verhältniß der Einzahlungen vertheilt werden. In gleicher Weise soll die Vertheilung des Liquidationserlöses nach Verhältniß der Einzahlungen stattfinden. Mit den letzteren Bestimmungen stellt sich der Entwurf in Widerspruch mit einer Entscheidung des Reichsgerichts.

Ich kann die getroffene Entscheidung nicht billigen und glaube, daß man zur Verwerfung des Vorschlages der Regierung gelangen muß, wenn man die Konsequenzen rechnungsmäßig verfolgt. Ich will mit den Einzelheiten einer solchen Rechnung Sie nicht behelligen, Ihnen dagegen einen anderen Beweis anführen, aus welchem Sie m. E. die Unrichtigkeit des Vorschlages ersehen werden. Nehmen Sie den Fall an, daß die oben erwähnte Gesellschaft ihre Aktien mit einem Agio von 10 %, d. h. also 100 M. pro Aktie, ausgegeben hätte und sich alsbald wieder auflöste. Jeder Aktionär, der seine Aktien vollgezahlt hat, würde dann 1000 M. + 100 M. Agio, also 1100 M.,

*) Dieser Punkt ist in der besonderen Abhandlung (S. 49 ff.) näher ausgeführt.

jeder Aktionär, der 25 % eingezahlt hat, 250 M. + 100 M. Agio, also 350 M., eingezahlt haben. Insgesammt würden auf die obenerwähnten Aktien 7 000 000 M. und außerdem 1 000 000 M. Agio eingezahlt sein. Sind bei der Auflösung diese 8 000 000 M. noch vorhanden, so würde es, wie niemand bezweifeln wird, sachgemäß sein, wenn jeder Aktionär dasjenige, was er eingezahlt hat, zurückerhält, nämlich 1100 M. bezw. 350 M. Nach dem Entwurf würde es aber anders sein. Danach würden, da die Vertheilung nach Verhältniß der Einzahlung erfolgen soll, die 6 000 000 M. Aktien, welche vollgezahlt sind, $^6/_7$ und die 4 000 000 M Aktien, auf welche 1 000 000 M. eingezahlt sind, $^1/_7$ des Liquidationserlöses erhalten. Es würde dabei auf jede vollgezahlte Aktie, auf welche 1100 M. eingezahlt sind, etwa 1142 M. und auf jede nicht vollgezahlte Aktie, auf welche 350 M. eingezahlt waren, nur ca. 285 M. entfallen. Und dies alles, obgleich die Gesellschaft nichts gewonnen und nichts verloren hat! Ein solches Ergebniß kann naturgemäß nicht richtig sein, und deshalb wird der Entwurf m. E. den Standpunkt bei der Liquidation und entsprechend auch bei der Gewinnvertheilung ändern müssen. Bei der letzteren wird sachgemäß von dem Gewinn, wie dies schon bei einigen Gesellschaften der Fall ist, zunächst den Aktionären bis 4 % nach Verhältniß der Einzahlung entrichtet und der Rest nach Verhältniß des Nennwerthes der Aktien vertheilt werden. Die Zulässigkeit von Aenderungen durch den Gesellschaftsvertrag muß naturgemäß gewahrt werden.

11. Bezüglich der Organisation und Geschäftsführung der Gesellschaft sind nur wenige neue Bestimmungen gegeben. Zu billigen ist es zunächst, daß auch bei Kollektivvertretung des Vorstands dieser einzelne Mitglieder zu einzelnen Arten von Geschäften oder zu bestimmten Geschäften ermächtigen kann. Thatsächlich bewegt sich der Verkehr schon jetzt in dieser Bahn, und es werden z. B. an der Berliner Börse jährlich tausende von Geschäften durch einzelne Bankdirektoren für ihre Banken geschlossen, trotzdem bei sämmtlichen Berliner Banken statutarisch nur Kollektivvertretung gestattet ist.

12. Nach Art. 240 HGB. ist der Vorstand verpflichtet, unverzüglich eine Generalversammlung zu berufen, wenn die Hälfte des Grundkapitals verloren ist, und bei Zahlungseinstellung die Konkurseröffnung zu beantragen.

Beide Bestimmungen sind aufrecht erhalten.

a) Die erstere bekommt aber durch eine unscheinbare Ergänzungsvorschrift ein völlig verändertes Ansehen. Es heißt nämlich, daß für die Werthfeststellungen dieser Bilanzen die allgemeinen Grundsätze über die Bilanzen nicht maßgebend seien. Die Tragweite dieser Aenderung wird aus dem nachstehenden Beispiel erhellen.

Eine Bergwerksgesellschaft z. B. hat Anlagen im Erwerbspreise von 10 000 000 Mark, welche sie nach gesetzlicher Vorschrift mit diesem Betrage abzüglich etwa nothwendiger Abschreibungen in die Jahresbilanz einsetzen kann. Nach dem Entwurf sollen bei der dem Art. 240 zu Grunde zu legenden Bilanz dagegen die Verkaufswerthe maßgebend sein. Nun kommt eine rückgängige Kohlenkonjunktur; niemand will Bergwerke kaufen; die Verkaufswerthe der Bergwerke fallen um 50—60 % — der Vorstand müßte nach dem Entwurf die Generalversammlung berufen, da die Hälfte des Grundkapitals verloren ist. Bevor noch die Generalversammlung stattfindet, werden Verhandlungen wegen Bildung eines Kohlensyndikats angeknüpft. Auf die Nachricht hiervon steigen alle Bergwerke um 20—30 % und in der Generalversammlung kann der Vorstand daher nur erklären: inzwischen hat sich durch Steigerung des Verkaufswerths der Bergwerke herausgestellt, daß die Gesellschaft nicht die Hälfte des Grundkapitals verloren hat. Die Generalversammlung geht vergnügt auseinander. Am nächsten Tage scheitern die Syndikatsverhandlungen. Die Preise der Bergwerke fallen wieder um die 20—30 %, um welche sie gestiegen waren. Der Vorstand macht wieder Bilanz: die Hälfte des Aktienkapitals ist verloren. Es wird also eine Generalversammlung berufen. Inzwischen bricht eine Kohlenstrike in England aus — Kohlen und Bergwerke steigen — 2c. dulce in infinitum. Es gibt eben nur eine Art ordnungsmäßiger Bilanz und eine solche muß für alle Fälle geboten und gestattet sein, in denen überhaupt eine Bilanz erfordert wird. Mir erscheint es als ein unbilliges Verlangen, daß der Direktor eines Bergwerks fortdauernd verfolgen soll, zu welchem Preise das Bergwerk verkäuflich wäre — ganz abgesehen davon, daß es mehr als schwierig, fast unmöglich wäre, diese Verkaufswerthe in jedem einzelnen Fall festzustellen. Industrielle Unternehmungen kann man nicht verkaufen, wie der Bäcker die Semmeln.

b) Die aus dem Aktiengesetz von 1884 übernommene Bestimmung, daß bei Zahlungsunfähigkeit, insbesondere also bei Zahlungseinstellung stets Konkurs eröffnet werden muß, halte ich für durchaus verfehlt. Allerdings darf die Zahlungseinstellung nicht verheimlicht werden; dagegen würde man sich aber schützen können, wenn man den Vorstand verpflichtete, die Zahlungseinstellung durch die Gesellschaftsblätter bekannt zu machen. Aber den Antrag auf Konkurseröffnung mag man den

Betheiligten überlassen. Wir haben während der letzten Jahre im Auslande mehrere große Bankbrüche erlebt; ich erinnere an Baring Brothers in London (damals allerdings keine Aktiengesellschaft), an das Comptoir d'Escompte in Paris, an die Banca Generale in Rom. In allen diesen Fällen sind die Zahlungen eingestellt worden, in allen diesen Fällen wäre durch eine Konkurseröffnung für weite Kreise des Volks unabsehbarer Schade entstanden, in allen diesen Fällen ist durch eine außergerichtliche Abwicklung nicht nur jeder Schade von der Allgemeinheit abgewendet und jeder Gläubiger voll befriedigt, sondern sogar den Gesellschaftern ein Theil des Kapitals gerettet worden. Diese Erfahrungen beweisen, daß die Erzwingung des Konkurses für Aktiengesellschaften bei Zahlungseinstellung nicht nur nicht nothwendig ist, sondern unter Umständen geradezu schädlich wirkt. Ja, ich möchte sogar weitergehen und für Aktiengesellschaften die Möglichkeit schaffen, durch behördliche Anordnung — etwa mit Genehmigung der zuständigen Organe des Handelsstandes — ein Moratorium zu erhalten, wenn ein öffentliches Interesse gegen die Konkurseröffnung spricht.

13. Bezüglich des Aufsichtsraths sind zunächst die vielfach unklaren Bestimmungen wegen der Zeitdauer in zweckmäßiger Weise geordnet. Der Entwurf legt auch hier den Finger an einen wunden Punkt des Aktiengesetzes. Kein Dritter kann nämlich ohne genaues Studium der Generalversammlungsprotokolle wissen, wer Mitglied des Aufsichtsraths ist. Sind die Protokolle noch nicht vollständig bei den Registerakten, so versagt jede aktenmäßige Grundlage für ein Studium. Dieser Mangel machte sich um so fühlbarer, als die Anfechtungsklage gegen Generalversammlungsbeschlüsse allen Mitgliedern des Aufsichtsraths innerhalb der einmonatigen Präklusivfrist zugestellt werden muß. Wer einmal derartige Anfechtungsklagen zu erheben hatte, wird wissen, welche Schwierigkeiten bisweilen die Feststellung der Person der Aufsichtsrathsmitglieder bereitete. Der Entwurf schreibt nun vor, daß der Vorstand jede Aenderung in der Person der Aufsichtsrathsmitglieder unverzüglich bekannt zu machen und diese Bekanntmachung zu den Registerakten einzureichen hat. Dieser Zusatz ist dankbar zu begrüßen. Ich glaube: man sollte einen Schritt weiter gehen und die Eintragung der Mitglieder des Aufsichtsraths in das Handelsregister vorschreiben. Der einzige Grund, welcher gegen den Vorschlag spricht, ist eine Mehrbelastung des Gerichts. Diese geringe Mehrbelastung kann aber nicht in Betracht kommen, zumal auf diese Weise alsbald die Rechtsgiltigkeit der Wahl geprüft wird. Außerdem legt der Entwurf dem Vorstand

zum Theil Unmögliches auf. Die Amtsniederlegung eines Mitglieds des Aufsichtsraths wird nämlich dem Vorstand gar nicht urkundlich mitgetheilt; sie erfolgt geschäftsgebräuchlich in Deutschland durch eine privatschriftliche Erklärung an den Vorsitzenden des Aufsichtsraths. Man müßte daher, wenn der Entwurf beibehalten werden soll, jedenfalls auch vorschreiben, daß die Niederlegung zu Händen des Vorstandes erfolgen muß. Ich für meine Person würde allerdings vorschlagen, daß die Niederlegung in notarieller oder gerichtlicher Form erfolgen muß und nicht eher Wirkung hat, bis die Eintragung in das Handelsregister erfolgt ist. Mir sind Fälle bekannt, wo jemand privatschriftlich die Aufsichtsrathsstelle niedergelegt hatte, dann gebeten worden war die Niederlegung zurückzunehmen und schließlich thatsächlich wieder Aufsichtsrathsfunktionen ausübte -- man wußte in solchem Falle nicht, ob er rechtlich noch Mitglied des Aufsichtsraths war oder nicht.

Der Aufsichtsrath muß in nicht seltenen Fällen rechtsgeschäftlich und als Prozeßpartei auftreten. Rechtsgeschäftlich namentlich bei Anstellungsverträgen, als Prozeßpartei bei Anfechtungsprozessen, Regreßprozessen u. dgl. In den meisten Statuten ist eine Vertretung durch den Vorsitzenden bezw. dessen Stellvertreter vorgesehen. Eine solche Vertretung sollte gesetzlich anerkannt und es sollte statuirt werden, daß der Aufsichtsrath Dritten gegenüber durch den Vorsitzenden resp. Stellvertreter vertreten wird. Dann könnten namentlich z. B. Anfechtungsklagen an den Vorsitzenden allein zugestellt werden, während man jetzt zuweilen 20—25 Aufsichtsrathsmitgliedern die Klage zustellen muß.

14. An der Spitze der die Generalversammlung betreffenden Vorschriften steht wiederum der allgemeine Satz, daß die Rechte, welche den Aktionären in den Angelegenheiten der Gesellschaft zustehen, durch Beschlußfassung in der Generalversammlung ausgeübt werden. Dieser Satz ist überflüssig und irreführend. Nirgends im Gesetz sind nämlich Rechte bezeichnet, welche den Aktionären als solchen in den Angelegenheiten der Gesellschaft zustehen sollen. Es heißt vielmehr an den betreffenden Stellen entweder: „die Generalversammlung hat die und die Rechte", oder „Aktionäre, deren Antheile einen gewissen Theil des Grundkapitals darstellen", oder „jeder Aktionär". „Die Aktionäre" sind im ganzen Handelsgesetzbuch nirgends als Subjekt von Befugnissen bezeichnet. Wozu also der ganze Artikel? Er ist, wenn man seinen klaren Wortlaut im Auge behält, nichtssagend. Trotzdem hat der Artikel in der Praxis Wirkungen gehabt; aber verkehrte. Man hat nämlich bisweilen daraus eine Omnipotenz der Generalversammlung

abgeleitet, welche wiederum in einzelnen höchstgerichtlichen Entscheidungen geleugnet wird. Diese vermeintliche Omnipotenz ist thatsächlich, juristisch und wirthschaftlich ein Unding. Thatsächlich, weil, wenn wir offen sein wollen, die Generalversammlungen früher und jetzt regelmäßig eine Farce sind. Gewöhnlich bitten die Aufsichtsräthe einige gute Freunde zu kommen, damit das Lokal nicht zu leer ist; Streitigkeiten kommen fast ausschließlich vor, wenn ein homo novus in den Aufsichtsrath kommen will und sich dazu Aktien leiht. Dann erleben wir wohl Fälle, wie dies vor etwa zehn Jahren einmal geschah, als die Mitglieder des Gesangvereins einer süddeutschen Universitätsstadt als Aktionäre für eine auswärtige Generalversammlung engagirt wurden und, nachdem sie Vormittags als Strohmänner gestimmt hatten, Abends ihre Stimmen dazu verwendeten, die Einwohner der Stadt, in der die Generalversammlung stattfand, durch Männergesangchöre zu erfreuen. Ein Gesellschaftsorgan, bei welchem dies möglich ist, wird thatsächlich nicht als die höchststehende Vertretung anzusehen sein. Sie ist es auch juristisch nicht. Vorstand und Aufsichtsrath sind nicht Organe der Generalversammlung, sondern, wie diese, Organe der Gesellschaft. Ich halte es im hohen Grade für gefährlich, auch nur den Schein zu erwecken, als ob die volle Verantwortung von den verantwortlichen Mitgliedern des Vorstands und Aufsichtsraths auf die unverantwortlichen Theilnehmer an der Generalversammlung — Aktionäre wäre ein Euphemismus — abgewälzt werden könnte. Wirthschaftlich sind wir in Deutschland glücklicherweise so weit gelangt, daß Vorstand und Aufsichtsrath ihre kaufmännische Ehre mit derjenigen der durch sie vertretenen Gesellschaft zumeist identifiziren; sie haben die Fäden in der Hand und arbeiten für die Gesellschaft, und da darf das Gesetz nicht für die Fiktion Platz lassen, daß eigentlich die Generalversammlung Alles zu sagen habe. Daher ist nach meiner Ansicht der frühere Art. 221 Abs. 1 (jetzt § 231) zu streichen und an seine Stelle zu setzen:

> Die Generalversammlung beschließt über die Genehmigung der Jahresbilanz und die Gewinnvertheilung, über die Entlastung des Vorstandes und Aufsichtsraths, sowie über die übrigen ihm durch Gesetz vorbehaltenen Angelegenheiten.
>
> Weitere Befugnisse und Obliegenheiten der Generalversammlung können durch den Gesellschaftsvertrag bestimmt werden.

15. Bezüglich der Bilanz und des Reservefonds soll es wesentlich bei dem bestehenden Zustand verbleiben. Wegen des Reservefonds ist eine dankenswerthe Klarstellung im handels- und steuerrechtlichen Interesse erfolgt, indem nicht mehr von dem durch Ausgabe von Aktien über pari erzielten „Gewinn“ die Rede ist, dieses Wort vielmehr bewußt vermieden wird. Bekanntlich müssen jetzt in Preußen und einigen andern Bundesstaaten die Gesellschaften das erzielte Agio als Einkommen besteuern.

Leider verbietet mir die Zeit, auf die weiteren einzelnen Aenderungen des Näheren einzugehen, und ich will mich daher auf drei wichtige Punkte beschränken.

16. Bei Abänderungen des Gesellschaftsvertrags finden sich mehrere formelle Aenderungen, so namentlich diejenige, daß die Eintragungsanträge nicht mehr von den Mitgliedern des Aufsichtsraths zu unterzeichnen, und daß auch nicht alle Mitglieder des Vorstands dazu nöthig sind. Dies ist durchaus zweckmäßig. Bei der Erhöhung und Herabsetzung des Grundkapitals soll dagegen auch fernerhin der Antrag von sämmtlichen Mitgliedern des Vorstands und Aufsichtsraths unterschrieben werden. Dies erscheint mir überflüssig und macht bisweilen große Weiterungen. Die Erhöhung des Grundkapitals der Deutschen Bank verzögerte sich einmal in unliebsamster Weise, weil ein Mitglied des Aufsichtsrathes auf einer Reise in Amerika begriffen war. Auch bei Krankheiten können derartige Mißstände eintreten. M. E. müßte das Gesetz eine clausula generalis enthalten, daß der Registerrichter von einzelnen Unterschriften absehen kann, wenn einzelne Mitglieder des Vorstands oder Aufsichtsraths an alsbaldiger Unterschrift verhindert sind oder die Beschaffung der Unterschrift wesentlich erschwert ist.

Bei der Erhöhung des Grundkapitals findet sich eine Vereinfachung, insofern der Antrag auf Eintragung des Erhöhungsbeschlusses mit dem Antrag auf Eintragung der Erhöhung verbunden werden kann. Apporteinlagen sollen auch bei der Erhöhung des Grundkapitals statutarisch festgestellt werden. Auch der Inhalt der Zeichnungsscheine wird näher bestimmt. Das Verbot der Einräumung von Bezugsrechten vor dem Erhöhungsbeschluß wird aufrecht erhalten, doch wird dasselbe dahin erweitert, daß jeder Aktionär bei Erhöhung des Grundkapitals ein verhältnißmäßiges Bezugsrecht haben soll. Die Generalversammlung soll indessen anders bestimmen können. Ohne diese

Einschränkung würde die neue Bestimmung unerträglich sein; denn gerade in den letzten Jahren sind große industrielle Unternehmungen nur möglich geworden, indem Gesellschaften bei Erhöhung ihres Grundkapitals ihre jungen Aktien anderen Gesellschaften überließen. M. E. empfiehlt es sich bei dieser Gelegenheit, mit den aus der Zeit vor 1884 bestehenden Bezugsrechten aufzuräumen, welche eine arge Belästigung für die betreffenden Gesellschaften enthalten und dieselben bisweilen an der Weiterentwickelung hindern. Es müßte den Gesellschaften die Befugniß eingeräumt werden, bestehende Bezugsrechte gegen eine im Streitfalle gerichtlich festzusetzende Kapitalentschädigung abzufinden.

Bezüglich der Herabsetzung des Grundkapitals werden die Verhältnisse, wie sie sich in der Praxis herausgebildet haben, gesetzlich klargestellt. Insbesondere wird der Gesellschaft das Recht zugestanden, Aktien, welche nicht zum Umtausch eingereicht sind, für kraftlos zu erklären und für Rechnung des Eigenthümers zu verkaufen. Im Uebrigen wird materiell nichts geändert. Und doch ist hier die wichtigste Stelle, an welcher die Aktiengesetzgebung geändert werden müßte.

Einmal nach der formellen Seite.

Während nämlich bei Erhöhung des Kapitals sowohl der Erhöhungsbeschluß als auch die Erhöhung eingetragen wird, wird zwar der Herabsetzungsbeschluß eingetragen, nicht aber die geschehene Herabsetzung. Wer daher der Ansicht ist, daß er aus dem Handelsregister jederzeit das Grundkapital einer Aktiengesellschaft ersehen kann, ist im Irrthum. Es gibt zahlreiche Herabsetzungsbeschlüsse, welche niemals zur Ausführung gelangt sind; aus anderen läßt sich der Herabsetzungsbetrag gar nicht entnehmen, z. B. wenn der Vorstand ermächtigt wird, Aktien bis zu einem gewissen Höchstbetrage zurückzukaufen.

Materiell bestehen aber noch gewichtigere Bedenken. Der Prozeß Hermann Friedmann hat ein bedenkliches Licht auf die Machenschaften geworfen, wie gerade bei den sog. Sanirungen den Aktionären bisweilen das Geld aus der Tasche gezogen wird. Man setzt ihnen die Pistole auf die Brust und sagt: entweder zahlt Ihr so und so viel zu oder Ihr werdet auf $^1/_{10}$ reduzirt und müßt außerdem den zuzahlenden Aktionären Prioritätsrechte einräumen. Millionen sind auf diese Weise im Laufe der letzten Jahre bei unrentabeln Unternehmungen verschwunden. In Frankreich kommt man ohne derartige Herabsetzungen durch; man gründet, wie das Beispiel des Comptoir national d'Escompte zeigt, in einem solchen Fall eine neue Gesellschaft, welche die alte liquidirt. Bei der neuen Gesellschaft betheiligt sich, wer neues Geld einschießen will; die übrigen erhalten ihren Liquidationserlös. M. E. muß man jedenfalls alle Aktionäre gleichmäßig behandeln. Das neue Geld mag dadurch bevorzugt werden, daß man für dasselbe Prioritätsaktien ausgibt, welche Vorrechte bezüglich der Dividende oder des Liquidationserlöses erhalten. Will man Aktien zusammenlegen, so mag dies gestattet sein; aber nur so, daß alle Aktien einer Gattung gleichmäßig zusammengelegt werden; dagegen ist zu verbieten, daß die Zusammenlegung als Strafe für die Nichtzuzahlung angedroht wird.

17. Völlig neu ist das Recht der Staatsbehörde — will wohl sagen: Staatsanwaltschaft — Nichtigkeitsklagen gegen die Gesellschaft zu erheben und Statutenänderungen ad libitum anzufechten, weil sie den im öffentlichen Interesse getroffenen Bestimmungen widersprechen. Daß eine solche Vorschrift unpopulär wäre, ist klar. Irgend ein allgemeiner Mißstand ist aber niemals hervorgetreten, und ich sehe nicht ein, weshalb man aus theoretischen Erwägungen hier Aenderungen vornehmen soll — zumal solche, deren praktische Tragweite sich noch gar nicht übersehen lassen. Ich stimme auch in der Verwerfung der gesetzlichen Normirung der Nichtigkeitsklage seitens einzelner Aktionäre völlig mit dem Kollegen Staub überein.

18. Was die strafrechtlichen Bestimmungen des Aktiengesetzes anbetrifft, so sind dieselben nur in unwesentlichen Punkten geändert. Ich habe an denselben vor allem aber auszusetzen, daß sie überhaupt im Handelsgesetzbuch stehen. Das HGB. ist eine Privatrechtskodifikation, so gut wie das BGB. Es wird Niemandem einfallen, Strafvorschriften für ungetreue Vormünder in das BGB., oder Strafvorschriften gegen Beamte in das Reichsbeamtengesetz zu bringen. Warum also Strafvorschriften für Organe der Aktiengesellschaften im HGB.? In welchem auswärtigen HGB. findet sich dergleichen? Dieselben gehören in das Strafgesetzbuch. Dort wird man sie vielleicht auch mehr an das gemeine Gesetz anpassen. Denn ich für mein Theil sehe nicht ein, weshalb Handlungen des Direktors einer Aktiengesellschaft strafbar sein sollen, wenn unter gleichen Umständen ein Direktor einer Genossenschaft oder einer Gegenseitigkeitsgesellschaft nicht strafbar ist.

M. H. Ich muß schließen. Ich thue dies in der zuversichtlichen Hoffnung, daß einerseits ein Handelsgesetzbuch auf der Grundlage des Entwurfs zu Stande kommt; daß aber andererseits Zeit gewährt wird, die

Kritik, welche insbes. auch von den Organen des Handelsstandes etwa noch geübt wird, in ausreichender Weise zu berücksichtigen. Die deutschen Anwälte, welche um die praktische Ausgestaltung des geltenden Handelsgesetzbuchs, namentlich auf dem Gebiet der Kautelarjurisprudenz, sicherlich gewisse Verdienste haben, werden auf alle Fälle — dessen bin ich sicher — an der Durchführung des Gesetzes freudig mitarbeiten — um so freudiger, als sie mit mir den Entwurf bereits in seiner jetzigen Gestalt als eines der hervorragendsten Werke deutscher Gesetzgebungskunst begrüßen werden.

Nachwort.

Herr Rechtsanwalt Staub und ich stellten demnächst die nachstehenden Anträge, betreffend Revision des Handelsgesetzbuchs.

1. Der Entwurf eines Handelsgesetzbuchs stellt eine gute, zum Theil vortreffliche Grundlage für die Reform des Allgemeinen Deutschen Handelsgesetzbuchs dar.

2. Die weitere Ausbildung des Prinzips des öffentlichen Glaubens des Handesregisters ist zu billigen, aber noch dahin zu verstärken, daß Jeder, welcher im Handelsregister als Kaufmann eingetragen ist, Dritten gegenüber rechtlich als Kaufmann gilt.

3. Das Prinzip des gegenwärtigen Handelsgesetzbuchs, nach welchem Jeder auch ohne Eintragung Kaufmann ist, der ein Handelsgewerbe betreibt, ist beizubehalten und eventuell auszudehnen auf die handelsähnlichen Gewerbe des §. 2 des Entwurfs.

4. Die weitere Ausdehnung des Kaufmannsbegriffs ist zu billigen; Bauunternehmer, Grundstückspekulanten und Grundstücks- und Hypothekenmakler sind unbedingt gesetzlich als Kaufleute zu erklären.

5. Es sind thunlichst solche Bestimmungen zu vermeiden, welche es möglich machen, daß die weitere Ausgestaltung der Materie in den Einzelstaaten in einer die Rechtseinheit gefährdenden Weise erfolgt. Das gilt insbesondere für die Feststellung der Merkmale für die Minderkaufmannsqualität.

6. Die Formfreiheit der Verträge ist in dem bisherigen Umfange aufrecht zu erhalten; für die Verträge über Grundstücke soll Schriftlichkeit gelten.

7. Von bestehenden Grundsätzen ist ohne dringende Veranlassung nicht abzugehen. So ist dem Agenten das Recht der Büchereinsicht zu belassen und die präsumtive Handlungsvollmacht auch fernerhin zu

versagen; dem Makler ist wie bisher die Provision nur von seinem Auftraggeber, nicht von beiden Theilen zu gewähren; auf den Sammelladeverkehr der Spediteure ist die gleiche Rücksicht zu nehmen, wie bisher; das Recht der Minderheit auf Berufung der Generalversammlung der Aktionäre ist nicht zu erweitern.

8. Im Aktienrecht ist zu empfehlen:

a) Die begrifflichen und sachlichen Unterschiede zwischen den Aktiengesellschaften und den übrigen Gesellschaftsarten, namentlich der Gesellschaft mit beschränkter Haftung, sind stärker hervorzuheben und dadurch eine Vereinfachung des Aktienrechts anzustreben.

b) Die Erweiterung der Bestimmungen über die Gründungsrevision ist zu billigen, aber unter Zuhülfenahme der Organe des Handelsstandes noch fruchtbarer zu gestalten.

c) Von dem Eingreifen der Staatsbehörden behufs Anfechtung der Beschlüsse der Generalversammlung und des Rechtsbestandes von Gesellschaften ist abzusehen.

d) Nicht nur der Herabsetzungsbeschluß, sondern auch die durchgeführte Herabsetzung des Grundkapitals ist in das Handelsregister einzutragen; die Zusammenlegung von Aktien als Rechtsfolge der Nichtbetheiligung bei einer anderen Transaktion, insbesondere bei einer Zuzahlung, ist zu verbieten.

e) Aeltere Vorzugsrechte auf den Bezug von Aktien sind gegen Entschädigung für ablösbar zu erklären.

Der Deutsche Anwaltstag erhob die Anträge zu 1, 5 und 8c zum Beschlusse. Von einer Abstimmung über die übrigen Anträge nahm er mit Rücksicht auf den Umfang der Materie Abstand, sprach aber den Wunsch aus, daß dieselben in dem weiteren Stadium der Gesetzgebung in Erwägung gezogen werden.

III.

Die Vertheilung des Liquidationserlöses und des Reingewinns bei Aktiengesellschaften, deren Aktien theilweise nicht voll gezahlt sind

von

Simon.

I.

Vor dem Erlaß des Aktiengesetzes von 1884 kam es verhältnißmäßig selten vor, daß ein Theil der Aktien einer Aktiengesellschaft vollständig, ein anderer nur theilweise eingezahlt war. Das Aktienkapital wurde alsbald bei der Gründung so bemessen, wie es der Kreditfähigkeit und dem Geldbedürfniß der Gesellschaft zu entsprechen schien. War das Kreditbedürfniß größer als das vorläufige Erforderniß an Geldmitteln zum Geschäftsbetriebe, so wurde das Aktienkapital nicht voll gezahlt, vielmehr auf alle Aktien gleichmäßig einstweilen nur ein bestimmter Prozentsatz eingefordert. Die nicht vollgezahlte Aktie nahm namentlich bei Bank- und in früherer Zeit bei Eisenbahnpapieren eine ziemlich bedeutende Stelle im Aktienhandel ein, da das Gesetz die Liberirung der Aktionäre mit 40 % zuließ und die so geschaffene Aktie wegen des geringen Einzahlungsbetrages die Agiotage erleichterte.

Diese Verhältnisse wurden durch das Aktiengesetz vom 18. Juli 1884 radikal geändert. Die Liberirung von Aktien vor voller Einzahlung des Nennwerthes und des etwa festgesetzten Aufgeldes ist seitdem gesetzlich verboten. Der ursprüngliche Zeichner und der Aktionär können von der Verbindlichkeit zur Zahlung dieser Beträge nicht mehr befreit werden. Die Praxis der deutschen Börsen hat die Konsequenz dieser gesetzlichen Bestimmungen für das Börsengeschäft sofort gezogen.

Es gehört zum Wesen des Handels, insbesondere aber des zum wesentlichen Theil durch Vermittelung des Kommissionsgeschäfts sich abwickelnden Börsenhandels, daß die Erfüllung der Rechtsgeschäfte nicht nur prompt, sondern auch in seinen Wirkungen bedingungslos erfolge. Es muß vermieden werden, daß nach Zahlung des Kaufpreises und Lieferung des Werthpapiers ein Rest an Regreßverbindlichkeiten und dergl. verbleibe. Bei dem Handel in nicht voll gezahlten und nicht liberirten Interimsscheinen wäre nun aber zunächst die Haftung des Zeichners für die fehlende Einzahlung nach den Bestimmungen des Gesetzes von 1884 bei Verkauf der Interimsscheine trotz Umschreibung im Aktienbuch zunächst nicht berührt worden. Ueberdies würde beim Handel derartiger Interimsscheine zwischen Käufer und Verkäufer, Kommissionär und Kommittenten eine Reihe eventueller Rechte und Verbindlichkeiten übrig bleiben. Diese hätten bei den Betheiligten um so mehr eine unklare Vermögenslage herbeigeführt, als derartige eventuelle Verbindlichkeiten nach den Grundsätzen kaufmännischer Buchführung regelmäßig einen Platz in den Handelsbüchern und Bilanzen nicht finden. Das Berliner Börsenkommissariat beschloß daher, die Einführung derartiger nicht liberirter Interimsscheine nicht zu gestatten, und die übrigen deutschen Börsen sind meines Wissens sämmtlich dem Beispiel gefolgt. Daß nur die Rücksicht auf die erwähnten Bestimmungen des Aktiengesetzes die Veranlassung hierfür war, ergiebt sich daraus, daß der Handel in ausländischen nicht voll gezahlten Aktien noch bis in die letzten Jahre gestattet wurde, wie z. B. die Einführung der Aktien der Schweizerischen Aluminiumfabrik an der Berliner Börse beweist.

Das Bedürfniß, das Aktienkapital auf einen höheren Betrag festzusetzen als zunächst für den Kapitalsbedarf der Gesellschaft erforderlich ist, blieb aber darum nicht minder bestehen. Das hervorragendste Beispiel bieten die Verhältnisse der Hypotheken-Aktienbanken nach den preußischen Normativbestimmungen und den Normativbestimmungen einer Reihe von anderen Einzelstaaten. Die Höhe des Umlaufs der Hypothekenpfandbriefe wird nach diesen Normativbestimmungen zumeist abhängig gemacht von der Höhe des eingezahlten Aktienkapitals. Nach den preußischen Normativbestimmungen darf der Umlauf an Hypothekenpfandbriefen nicht mehr als das fünfzehnfache des eingezahlten Aktienkapitals und, wenn das eingezahlte Aktienkapital den Betrag von 10 Millionen Mark erreicht, das Zwanzigfache jenes Betrages ausmachen. Eine Hypothekenbank, welche zunächst nur 30 Millionen Mark Pfandbriefe ausgeben will, würde daher hierfür nur ein Aktienkapital von 2 Millionen Mark gebrauchen. Eine Hypothekenbank mit so geringem Kapital würde aber bei dem Publikum keinen Kredit genießen und ihre Hypothekenpfandbriefe auf normalem Wege schwerlich unterbringen können: sie würde auch nicht die Erlaubniß zur Ausgabe von Inhaberpfandbriefen durch die preußische Regierung erhalten, da diese mit Recht auf Festlegung eines größeren Garantiekapitals zu bestehen pflegt, damit die Solidität der Grundlage des Unternehmens und eine ausgebreitetere Theilnahme von Kapitalisten klar gestellt wird. Infolgedessen müssen Hypothekenbanken bei ihrer Gründung ihr Grundkapital zunächst höher normiren als ihr Kapitalbedürfniß ist.

Würden die Gründer mit der Emission der Aktien so lange warten müssen, bis das ganze Aktienkapital voll gezahlt ist, so würden sie nicht selten Jahrzehnte hindurch von einer Emission der Aktien absehen müssen. Die Preußische Central-Bodencreditaktiengesellschaft wurde im Jahre 1870 mit einem Grundkapital von 36 Millionen Mark gegründet. Auf dieses wurde ursprünglich 40 % eingezahlt; Ende 1895 hatte die Bank einen Pfandbriefumlauf von etwa 420 Millionen Mark; infolgedessen waren bis dahin erst 70 % des Aktienkapitals einberufen. Wären die Aktien nach Inkrafttreten des Gesetzes von 1884 geschaffen worden, so würde mithin ihre Einführung an der Börse noch immer nicht zulässig gewesen sein. Ein solcher Zustand wäre indessen für die Gründer und insbesondere für die bei der Gründung betheiligten Banken und Bankiers ein unerträglicher gewesen. Man hat daher neuerlich zu dem Auskunftsmittel gegriffen, einen Theil der Aktien alsbald voll zu zahlen und dadurch börsenfähig zu machen, während der Rest in den Händen der ursprünglichen Zeichner bezw. des Gründerkonsortiums bleibt, bis die Verhältnisse der Gesellschaft die weitere Einzahlung erforderlich machen. Auch bei diesen weiteren Einzahlungen wird dann die Sache vielfach so gehandhabt, daß nicht ein bestimmter gleichmäßiger Prozentsatz auf sämmtliche gezeichneten Aktien eingezahlt, sondern daß zunächst nur ein weiterer Theil der Aktien voll gezahlt und dadurch ihre Einführung an der Börse ermöglicht wird. Zur Klarstellung der Verhältnisse ist dann mehrfach alsbald in den Statuten bestimmt, daß das Grundkapital in Aktien Lit. A, B, C 2c. eingetheilt wird und daß bei weiterem Kapitalbedürfniß über die zuerst eingezahlten 25 % hinaus zunächst die Aktien Lit. A voll gezahlt werden müssen, während die Aktien Lit. B zu weiteren Einzahlungen erst verpflichtet sind, wenn Lit. A voll gezahlt ist, Lit. C nicht früher, als bis Lit. B voll gezahlt ist 2c. Ich verweise auf die Prospekte und Statuten der neuerlich gegründeten Hypothekenbanken.

Auch bei anderen Aktiengesellschaften zeigte sich das Bedürfniß, einen Theil des Aktienkapitals durch Vollzahlung umlaufsfähig zu machen.

Die Brasilianische Bank für Deutschland z. B. mußte im Interesse ihres Kredits alsbald mit einem Aktienkapital von 10 000 000 Mark gegründet werden. Da dieselbe aber ihre Comptoirs im Auslande nur allmählich ausdehnte, so war die Einzahlung des vollen Kapitals nicht sofort erforderlich, während das Gründungskonsortium, nachdem die Gesellschaft durch mehrjährige Geschäftsthätigkeit ihre Ertragsfähigkeit nachgewiesen hatte, nicht mehr das volle Risiko des Unternehmens auf eigenen Schultern zu tragen wünschte und daher einen Theil zum börsenmäßigen Verkauf bestimmte. Um diesen zu ermöglichen, wurde, als die Bank weitere Einzahlungen benöthigte, zunächst ein Theil der Aktien voll gezahlt und in Umlauf gebracht, während die Gründer die nicht voll gezahlten Aktien in ihrem Besitze behielten.

Die erwähnten Vorgänge beweisen, daß wir in Zukunft immer häufiger Aktiengesellschaften mit nur theilweise voll gezahlten Aktien begegnen werden, und unter diesen Umständen gewinnen die Fragen erhöhte Bedeutung: Wie ist der Liquidationserlös und der Reingewinn derartiger Gesellschaften zu vertheilen?

Die Fragen wurden zwar bisher in den Kommentaren des Aktiengesetzes bei passender Gelegenheit kurz erörtert, aber nicht ex professo behandelt. Ihre Beantwortung ist im gegenwärtigen Augenblick nicht nur wegen ihrer wachsenden praktischen Bedeutung angezeigt, sondern vor Allem deswegen, weil der neue Entwurf des Handelsgesetzbuchs zu denselben Stellung genommen hat und zwar in einer Richtung, welche meines Erachtens unmöglich gewesen wäre, wenn eine eingehende Klarlegung des Sachverhältnisses jemals stattgefunden hätte.

Ich schicke dabei voraus, daß durch Gesellschaftsvertrag sowohl über die Art der Gewinnvertheilung als auch über die Vertheilung des Liquidationserlöses beliebig bestimmt werden kann, soweit nicht etwa Sonderrechte von Gesellschaftern entgegenstehen. Derartige Sonderrechte würden allerdings auch zum Nachtheil der in Betracht kommenden Aktiengattungen bei Zustimmung einer besonderen Generalversammlung der benachtheiligten Aktionäre gemäß Art. 215 Abs. 6 HGB. (§ 251 Abs. 4 des Entwurfs) geändert werden können.

II.

1. Der Entwurf bestimmt im § 273:

Das Vermögen der aufgelösten Gesellschaft wird unter die Aktionäre vertheilt. Die Vertheilung erfolgt nach dem Verhältniß der Aktienbeträge, sofern nicht mehrere Gattungen von Aktien mit verschiedener Berechtigung bestehen.

Sind die Einzahlungen nicht auf alle Aktien in demselben Verhältniß eingefordert, so erfolgt die Vertheilung in Ermangelung einer andern Bestimmung des Gesellschaftsvertrages nach dem Verhältnisse der eingeforderten Beträge. Ist auf einen Theil der Aktien eine höhere als die eingeforderte Einzahlung geleistet, so werden diese Aktien in derselben Weise berücksichtigt, wie wenn der eingezahlte Betrag eingefordert wäre.

Diese Bestimmungen erscheinen zunächst in sich inkonsequent.

Maßgebend sollen die „eingeforderten" Beträge sein. Der Aktionär, welcher einen eingeforderten Betrag nicht gezahlt hat, soll also dieselben Rechte haben, wie ein Anderer, welcher seinen Verpflichtungen nachgekommen ist. Dies erscheint um so weniger gerechtfertigt, als die Begründung (S. 163) die gesetzliche Regelung des Entwurfs allgemein ausdrücklich damit motivirt, daß die geleisteten Einzahlungen für die Vertheilung maßgebend sein müssen.

Dann wird wiederum eine Ausnahme von der Regel gemacht, wenn die höhere Einzahlung zwar geleistet, aber nicht eingefordert war. Derartige Verhältnisse kommen bei einzelnen Gesellschaften vor. So ist bei der Lebensversicherungs-Aktiengesellschaft Nordstern zu Berlin den Aktionären gestattet, außer den eingeforderten 20 % des Aktienkapitals die weiteren Beträge einzuzahlen; sie erhalten aber auf diese weiteren Einzahlungen nur 4 %. Da weitere freiwillige Einzahlungen nur gemacht werden, wenn die Gesellschaft sich in sehr guten Verhältnissen befindet, so würden solche für den Fall einer Liquidation einen erheblichen Verlust für den einzahlenden Aktionär zur Folge haben, wie weiter unten (S. 57) nachgewiesen werden wird.

2. Die Begründung des Entwurfs (S. 163) motivirt die Bestimmungen, wonach bei Zusammentreffen vollbezahlter und nicht vollbezahlter Aktien die Vertheilung des Liquidationserlöses nach Verhältniß der geleisteten Einzahlungen stattfinden solle, wie folgt:

> Dem Wesen der Aktiengesellschaft, bei welcher sich die Mitglieder ausschließlich mit ihren Kapitaleinlagen betheiligen und nicht, wie bei der offenen Handelsgesellschaft, auch noch eine jeden Gesellschafter gleichmäßig treffende persönliche Haftung übernehmen, entspricht es am meisten, das Verhältniß der geleisteten Einzahlungen nicht nur für die Vertheilung der Jahresgewinne,

sondern auch für die Antheile an einem Kapitalsüberschuß oder einem Kapitalsverlust entscheiden zu lassen.

Diese Begründung erscheint bereits insoweit nicht zutreffend, als die Kapitaleinlagen und die geleisteten Einzahlungen des einzelnen Aktionärs gleichgestellt werden. Zu den Kapitaleinlagen gehört die noch nicht geleistete Einzahlung in gleicher Weise, wie die geleistete Einzahlung. Dies bringt bereits das geltende Gesetz auch im Art. 207 zum Ausdruck, in welchem unter der Bezeichnung „Einlagen" die gesammten von dem Aktionär auf das Grundkapital zu zahlenden Beträge verstanden werden.

Richtig ist, daß der Aktionär nur mit der Kapitaleinlage betheiligt ist: seine Haftung erstreckt sich indessen nicht nur auf die geleisteten, sondern auch auf die zu leistende Kapitaleinlage. Auch der Vergleich mit der offenen Handelsgesellschaft spricht gegen die Bestimmung des Entwurfs. Denn wenn die Haftung des Gesellschafters einen Maßstab für die Vertheilung des Gesellschaftsvermögens bei der Liquidation bilden soll, so ergiebt sich von selbst, daß die Vertheilung nach Verhältniß des haftbaren Kapitals vorgenommen werden muß.

Es heißt in der Begründung weiter:

> Der entgegengesetzte Grundsatz würde auch, falls man ihn für maßgebend erklären wollte, nicht wohl auf den Fall des Zusammentreffens vollbezahlter und nicht vollbezahlter Aktien beschränkt sein können. Er müßte vielmehr mit demselben Rechte im Fall des Zusammentreffens von Aktien mit verschiedenen Nennbeträgen Anwendung finden; denn wirthschaftlich steht dieser Fall dem ersteren gleich . . . . .

Auch hier kann der Begründung in keiner Weise gefolgt werden. Nicht nur juristisch, sondern auch wirthschaftlich macht es einen wesentlichen Unterschied, ob Jemand mit einer vollgezahlten Aktie von 1000 Mk. oder mit einer Aktie von 2000 Mk. betheiligt ist, auf welche 50% eingezahlt sind. Denn sein Risiko ist das doppelte, und es ist ein allgemeiner Grundsatz jeder Gemeinschaft, daß im Zweifel die Vortheile der Gefahr entsprechen müssen.

Daß auch im Verkehrsleben der juristische und wirthschaftliche Unterschied zwischen den beiden Fällen klar erkannt wird, ergiebt sich aus der verschiedenartigen Berechnung der Kurse bei vollgezahlten und nicht vollgezahlten Aktien. Steht der Kurs 160%, so hat — abgesehen von Stückzinsen, die hier außer Betracht bleiben können — der Käufer einer vollgezahlten Aktie im Nennwerth von 1000 Mk. für dieselbe 1600 Mk. zu zahlen. Kauft Jemand dagegen eine mit 50 % eingezahlte Aktie (genauer: Interimsschein) im Nennbetrage von 2000 Mk. zum Kurse von 160 %, so wird der Preis nach den Usancen sämmtlicher deutschen Fondsbörsen wie folgt berechnet:

2000 Mk. Aktien à 160 %	3200 Mk.
abzüglich 50 % fehlende Einzahlung . .	1000 „
Kaufpreis somit	2200 Mk.

Wenn dagegen z. B. der Kurs 75 steht, so kostet eine Aktie von 1000 Mk. 750 Mk. Eine mit 50 % eingezahlte Aktie von 2000 Mk. würde dagegen kosten:

Nennbetrag 2000 Mk. à 75 %	1500 Mk.
ab fehlende Einzahlung	1000 „
Kaufpreis somit	500 Mk.

Es kostet also zu demselben Kurse eine Aktie im Nennbetrage von 1000 Mk. mehr oder weniger als eine mit 50 % eingezahlte Aktie im Nennbetrage von 2000 Mk., je nachdem der Aktienkurs unter oder über pari steht. Im Börsenverkehr ist man sich also der wesentlichen Unterschiede zwischen einer vollgezahlten Aktie von 1000 Mk. und einer mit 50 % eingezahlten Aktie von 2000 Mk. voll bewußt. Nirgends besser als im Börsenverkehr kommt aber die wirthschaftliche Natur der Sache zum Ausdruck. Bei verschiedenen Nennbeträgen liegen ökonomisch und juristisch ganz andere Verhältnisse vor.

3. Die Richtigkeit der diesseitigen Auffassung springt in das Auge, wenn man den folgenden Fall in Erwägung zieht.

Eine Aktiengesellschaft hat ein Grundkapital von 10 Millionen Mark, eingetheilt in 10000 Aktien über je 1000 Mark. Bei der Gründung ist der Ausgabebetrag der Aktien auf 110 % festgesetzt worden, d. h. die Gesellschafter haben sich verpflichtet, auf die Aktien von je 1000 Mk. außer dem Nennwerth noch 100 Mk. Agio einzuschießen, welche nach Art. 185 b Ziff. 2 des gegenwärtigen Handelsgesetzbuches (§ 239 Ziff. 2 des Entwurfs) dem Reservefonds zufließen sollen. Bei der Gründung hat jeder Aktionär nach Art. 210 HGB. (§ 181 des Entwurfs) 25 % des Nennwerths der Aktie, d. h. 250 Mk., sowie das Agio von 100 Mk., zusammen 350 Mk., einzuzahlen und eingezahlt.

Die Aktien sind in zwei Serien Lit. A und Lit. B eingetheilt, von welchen die erste voll gezahlt ist, während auf die zweite Serie weitere Einzahlungen nicht eingefordert oder geleistet sind. Auf jede Aktie Lit. A würde dann außer den obenerwähnten 350 Mk. fernere 75% auf je 1000 Mk., also 750 Mk., zur Einzahlung gelangt sein, insgesammt also 1100 Mk. Für die Aktien Lit. B würde es bei dem Einzahlungsbetrag von 350 Mk. verbleiben. Auf das gesammte Aktienkapital von 10 Millionen Mark Aktien würden somit eingezahlt sein:

a)	6 Millionen Mark Aktien Lit. A 100% des Nennwerths		6 000 000 Mk.
b)	4 Millionen Mark Aktien Lit. B 25% des Nennwerths		1 000 000 „
c)	10% Agio auf alle Aktien . . .		1 000 000 „
		zus.	8 000 000 Mk.

Nehmen wir nun den Fall an, daß die Gesellschaft aufgelöst würde, ohne daß Gewinn oder Verlust erzielt worden sei. In diesem Falle würde es, was kaum bezweifelt werden kann, sachgemäß sein, wenn jeder Aktonär dasjenige, was er eingezahlt hat, zurückerhält; d. h. die Aktionäre Lit. A würden die 1100 Mk., die Aktionäre Lit. B würden die 350 Mk., welche sie ursprünglich eingezahlt haben, zurückerhalten müssen.

Nach dem Entwurf würde es aber anders sein. Danach würden, da die Vertheilung lediglich nach Verhältniß der Einzahlung erfolgen soll, die 6 Millionen Mark Aktien, welche voll gezahlt sind, $^6/_7$ und die 4 Millionen Mark Aktien, auf welche 1 Million Mark eingezahlt sind, $^1/_7$ des Liquidationserlöses erhalten. Es würden somit nach dem Vorschlage des Entwurfs auf jede vollgezahlte Aktie, auf welche 1 100 Mk. eingezahlt sind, etwa 1 142 Mk. und auf jede nicht vollgezahlte Aktie, auf welche 350 Mk. eingezahlt sind, nur etwa 285 Mk. entfallen. Und das Alles, obgleich die Gesellschaft nichts gewonnen und nichts verloren hat! Ein solches Ergebniß kann naturgemäß nicht richtig sein; vielmehr müssen die Vertheilungsgrundsätze gesetzlich derartig geordnet werden, daß, wenn die Gesellschaft in einem Zeitpunkt aufgelöst wird, in welchem weder Gewinn noch Verlust erzielt ist, jeder Aktionär dasjenige zurückerhält, was er eingezahlt hat.

In dieser Weise erfolgt die Vertheilung, wenn sie nach denjenigen Grundsätzen geschieht, welche für das geltende Recht in der Entscheidung des Reichsgericht vom 17. Januar 1894 (Entscheidungen Band 33, Seite 16) bereits als die zutreffende anerkannt ist.

Hiernach ist bei einer Liquidation denjenigen Aktionären, welche bereits die Vollzahlung geleistet haben, die Differenz zwischen der Volleinzahlung und demjenigen Betrage, welcher auf die nicht vollgezahlten Aktien bisher entrichtet ist, vorweg zu erstatten; der Restbetrag würde dann nach Verhältniß des Aktienkapitals vertheilt werden.

In dem vorerwähnten Falle würde daher derjenige Aktionär, welcher im Ganzen 1100 Mk. eingezahlt hat, zunächst die mehr eingezahlten 750 Mk. erhalten müssen. Hierdurch würde von der Liquidationsmasse (8 Millionen Mark) ein Theilbetrag von 4500000 Mk. (6000 Aktien mit je 750 Mk.) absorbirt werden und es würden 3500000 Mk. verbleiben, welche auf die 10000 Aktien gleichmäßig zu vertheilen wären; demgemäß würden auf jede Aktie 350 Mk. von diesem Restbetrage entfallen. Auf die nicht vollgezahlten Aktien würden diese 350 Mk. den gesammten Liquidationserlös bilden, während auf die vollgezahlten Aktien außer diesen 350 Mk. noch der Präcipualbetrag von 750 Mk., insgesammt also 1100 Mk. entfallen. Beide Aktienarten würden also genau dasjenige zurückerhalten, was sie eingezahlt haben. Man hat dies auch dahin ausgedrückt: die Gesellschaft hat die fehlenden Einzahlungen der Liquidationsmasse zuzurechnen und bei der Auskehrung des Liquidationserlöses auf die nicht vollgezahlten Aktien zunächst mit den fehlenden Einzahlungen zu kompensiren.

3) Daß der Ausgangspunkt, von welchem aus der Entwurf für den Fall der Liquidation zu einer Vertheilung nach Maßgabe des eingezahlten Grundkapitals gelangt, ein unrichtiger ist, ergiebt sich indessen grundsätzlich aus der nachfolgenden Erwägung:

Nehmen wir an, daß die vorerwähnte Aktiengesellschaft, bei welcher auf die 6 Millionen Mark Aktien Lit. A Vollzahlung geleistet ist, während auf die restlichen 4 Millionen Mark nur 25 % eingezahlt sind, außer dem Reservefonds noch 2 Millionen Mark des Grundkapitals verloren habe. In diesem Falle würden also auf 7 Millionen Mark eingezahltes Grundkapital nur noch 5 Millionen Mark vorhanden sein. Wenn die Gesellschaft sich in diesem Augenblicke auflöst, so würden somit, wenn der Entwurf Gesetz wird, auf jede Aktie $^5/_7$ des eingezahlten Kapitals entfallen, d. h. jede vollgezahlte Aktie würde $714^6/_7$ Mk., jede mit 25 % eingezahlte Aktie $214^2/_7$ Mk. werth sein.

Beschließt nun aber die Gesellschaft, vor der Liquidation noch auf die 4 Millionen Mark Interimsscheine Lit. B die Resteinzahlung von 75% auszuschreiben, so würde dem nunmehr eingezahlten Kapital von 10 Millionen Mark ein Aktivbestand von 8 Millionen Mark gegenüberstehen. Bei der Auflösung würden also alle Aktien gleichmäßig einen Liquidationserlös von 800 Mk. erhalten. Mit anderen Worten: dadurch, daß auf die nicht vollgezahlten Aktien der Restbetrag eingefordert wird, würde sich der Werth der vollgezahlten Aktien von 714$^{6}/_{7}$ Mk. auf 800 Mk. erhöhen. Die ursprünglich nicht vollgezahlten Aktien, welche vor Ausschreibung der letzten Einzahlung 214$^{2}/_{7}$ Mk. werth waren, würden, nachdem auf jede Aktie weitere 750 Mk. eingezahlt sind, nicht 964$^{2}/_{7}$ Mk. werth sein, sondern nur 800 Mk.; die Einforderung der Einzahlung würde also für jede Aktie einen Verlust von 164$^{2}/_{7}$ Mk. zur Folge haben.

Umgekehrt würde sich das Verhältniß stellen, wenn die Gesellschaft große weitere Reserven hätte. Nehmen wir den Fall an, daß die vorerwähnte Gesellschaft keinen Verlust gehabt, sondern außer dem bei ihrer Gründung eingezahlten Reservefonds von 1 Million Mark noch weitere 4 Millionen Mark Reserven angesammelt hatte, so daß das Aktivvermögen der Gesellschaft 12 Millionen Mark beträgt. Wird der Entwurf Gesetz, so würden bei der Liquidation der Gesellschaft auf das eingezahlte Grundkapital von 7 Millionen Mark $^{12}/_{7}$ zur Ausschüttung gelangen, d. h. jede vollgezahlte Aktie würde 1714$^{2}/_{7}$ Mk., jede mit 25% eingezahlte Aktie 428$^{2}/_{7}$ Mk. erhalten. Sollte dagegen die Gesellschaft vor Auflösung — wozu sie jederzeit befugt ist — noch die restlichen 75% auf die nicht vollgezahlten 4 Millionen Mark Aktien einfordern, so würde der Aktivbestand sich von 12 Millionen Mark auf 15 Millionen Mark erhöhen. Bei der Vertheilung aber würden diese 15 Millionen Mark auf das voll eingezahlte Kapital von 10 Millionen Mark zur Auskehrung gelangen. Es würde sich somit für jede Aktie 1 500 Mk. Liquidationserlös ergeben. Durch die Einforderung der Resteinzahlung auf die nicht vollgezahlten Aktien würden somit die vollgezahlten Aktien in ihrem Werth von 1714$^{2}/_{7}$ Mk. auf 1 500 Mk. herabgegangen sein, während der Werth der Interimsscheine Lit. B von 428$^{4}/_{7}$ Mk. durch Zuzahlung von 750 Mk. auf 1 500 Mk. erhöht worden wäre.

Die Einforderung der Einzahlung auf die Interimsscheine würde mithin für die Vollaktien Lit. A, wenn die Gesellschaft mit Unterbilanz arbeitet, ein Vortheil sein; wenn sie mit Ueberbilanz arbeitet, ein Nachtheil. Umgekehrt würde diese Einforderung für die Interimsscheine bei Unterbilanz der Gesellschaft ein Nachtheil, bei Ueberbilanz ein Vortheil sein.

Ein solches Ergebniß widerspricht den Grundprinzipien des Aktienrechts; gleiche Vortheile und gleiche Nachtheile müssen auf die Aktien entfallen, wenn sie entsprechend ihren gleichen Rechten ihre gleichen Pflichten erfüllen. Eine gesetzliche Norm, welche es einem Theil der Aktionäre ermöglicht, sich Vortheile auf Kosten des anderen Theils zu verschaffen, je nachdem sie erlaubt, daß die übrigen Aktionäre Einzahlungen machen oder nicht, kann als sachgemäß nicht angesehen werden.

Da die Frage, wie der Liquidationserlös zu vertheilen ist, nach Lage der Umstände einer gesetzlichen Regelung bedürfen wird, so kann daher nur empfohlen werden, den § 273 Abs. 2 des Entwurfs dahin zu fassen:

> Sind die Einzahlungen nicht auf alle Aktien in demselben Verhältniß eingefordert oder geleistet, so sind die fehlenden Einzahlungen als ein Theil des Vermögens der aufgelösten Gesellschaft in Rechnung zu stellen und auf diejenigen Beträge, welche auf die noch nicht vollgezahlten Aktien entfallen, zur Aufrechnung zu bringen.

III.

1. Für die Vertheilung des Jahresgewinns müssen grundsätzlich dieselben Gesichtspunkte maßgebend sein, welche für die Vertheilung des Liquidationserlöses in Betracht kommen.

Ob erzielter Reingewinn bei Jahresabschluß als Dividende unter die Aktionäre zur Vertheilung gelangt, oder ob er der Gesellschaft verbleibt und erst bei der Auflösung mit dem Gesammtvermögen der Gesellschaft unter die Aktionäre ausgeschüttet wird, hängt lediglich von dem Inhalt des Gesellschaftsstatuts ab. Daher erscheint es unzulässig, die Vertheilung des Reingewinns von dem begrifflich unerheblichen Umstand abhängig zu machen, ob dieselbe jährlich oder erst bei der Auflösung erfolgt. Es ist ein keineswegs mehr seltener Fall, daß die Vertheilung bis zur Auflösung der Gesellschaft verschoben wird; gerade im Laufe der letzten Jahre ist eine ganze Reihe von Terraingesellschaften gegründet worden, bei welchen der Jahresgewinn nicht als Dividende zur Vertheilung gelangt und die Aktionäre erst bei Vertheilung des Liquidationserlöses feststellen können, ob sie außer der Rückzahlung des Kapitals auch noch einen Gewinn haben. Auch bei den jährlichen Dividendenvertheilungen handelt es sich thatsächlich um nichts Anderes, als um die Vertheilung von Gesellschaftsvermögen; nur ist für die Dauer der Gesellschaft die Vertheilbarkeit gesetzlich — abgesehen von gewissen Ausnahmefällen — für das Kapitalvermögen ausgeschlossen. Da aber, wie wir zu II gesehen haben, die Vertheilung des Liquidationserlöses sachgemäß nicht nach Verhältniß der Einzahlung erfolgt, so darf auch für die Vertheilung der Dividenden mangels anderweitiger statutarischer Bestimmungen nicht das Verhältniß der geleisteten Einzahlungen maßgebend sein.

2. Die rechtliche und wirthschaftliche Natur des Dividendenanspruchs würde auch ohnehin zu demselben Ergebniß führen. Das Grundkapital der Gesellschaft wird in Aktien zerlegt. Der Betrag dieser Aktien bildet die Grundlage der Gesellschaft. Er ergiebt, abgesehen von einem hier außer Betracht zu lassenden Agio, die Summe, für welche der Aktionär haftet und welche das Risiko bildet, welches er durch seinen Beitritt läuft. Es ist ein rechtlich allgemein anerkannter Grundsatz, daß die Verlustgefahr im Zweifel auch als Grundlage für die Gewinnbetheiligung zu gelten hat. So bestimmt § 722 Abs. 2 des Bürgerlichen Gesetzbuches:

> Ist nur der Antheil am Gewinn oder am Verlust bestimmt, so gilt die Bestimmung im Zweifel für Gewinn und Verlust;

und die Begründung zum ersten Entwurf (II. S. 617) bemerkt hierzu:

> Die Sachgemäßheit der im zweiten Absatz aufgestellten Auslegungsregel, welche überdies im Wesentlichen geltendes Recht reproduzirt, wird sich nicht beanstanden lassen.

Die Sachgemäßheit ist denn auch in keinem Stadium des Gesetzeswerks beanstandet worden.

Es ist aber auch kein Grund abzusehen, weshalb dieser Rechtsgedanke im Aktienrecht durchbrochen werden soll. Da der Aktionär, welcher nur einen Theil des Nennbetrages eingezahlt hat, in gleicher Weise den ganzen Nennbetrag verlieren kann, wie derjenige, welcher die ganze Summe bereits eingezahlt hat, so muß er grundsätzlich in gleicher Weise am Gewinn theilnehmen. Ein Unterschied ist nur insofern vorhanden, als demjenigen Aktionär, welcher den größeren Betrag zur Einzahlung gebracht hat, dadurch die anderweitige Kapitalnutzung des Mehrbetrags entzogen ist. Dieser Unterschied — aber auch nur dieser — muß naturgemäß berücksichtigt werden.

3. Man unterscheidet volkswirthschaftlich*) in dem Unternehmereinkommen drei Theile:

a) die Rente für das eigene Kapital des Unternehmers,
b) die Vergütung für die Unternehmerarbeit,
c) den eigentlichen Unternehmergewinn, welcher sich erst nach Abzug der Positionen a und b von dem Unternehmereinkommen ergiebt.

Die Aktionäre leisten keine Unternehmerarbeit; diese wird vielmehr durch Vorstand, Aufsichtsrath und Beamte bewirkt, welchen die Aktiengesellschaft dasjenige überlassen muß, was der Einzelunternehmer für die Unternehmerarbeit zu beziehen berechtigt wäre. Daher kommen für die Aktionäre nur die Unternehmerrente und der eigentliche Unternehmergewinn in Betracht. Ein eigentlicher Unternehmergewinn ist erst vorhanden, nachdem der Unternehmer die Unternehmerrente erhalten hat.

Die Höhe der Unternehmer**rente** richtet sich naturgemäß nach der Höhe des eingeschossenen Kapitals. Die Höhe des Unternehmer**gewinns** richtet sich dagegen erfahrungsgemäß nach der Größe des durch die Unternehmerstellung auferlegten Opfers, in erster Reihe nach der Gefahr des Verlustes. Das Einkommen des Unternehmers muß eine Gefahrprämie enthalten, die für ihn zum Gewinn wird, wenn sich die Gefahr nicht verwirklicht. Diese Gefahrprämien richten sich nach der Größe der Gefahr. Bei Aktiengesellschaften laufen die einzelnen Aktionäre die Verlustgefahr nach Verhältniß der Aktienbeträge. Der Aktionär, welcher auf seine Aktie von 1000 Mk. nur 250 Mk. eingezahlt hat, läuft genau dieselbe Gefahr, wie derjenige, welcher seine Aktie von 1000 Mk. voll eingezahlt hat.

Demgemäß entspricht es volkswirthschaftlich richtigen Grundsätzen, wenn aus den Jahresüberschüssen zunächst die Unternehmerrente nach Verhältniß des Kapitals und demnächst der reine Unternehmergewinn nach Verhältniß der Gefahr festgestellt wird.

4. Diese Grundsätze entsprechen auch der Verkehrsauffassung.**)

---

*) Vergl. zum Folgenden **Mithoff** in Schönbergs Handbuch der Politischen Oekonomie. 2. Aufl. Bd. I S. 673 (Kap. XI, § 47). Der Unterschied zwischen Unternehmereinkommen und Unternehmergewinn wird bei Mithoff in der weiteren Darstellung immer nicht auseinander gehalten. Vergl. S. 676 Anm. 81.

**) Vergl. L. 67 § 2 D. pro socio (17, 2); § 653, II. 8, A.L.R.; Art. 106, 109 H.G.B.

Bei der offenen Handelsgesellschaft erhält nach dem Entwurf (§ 109), welcher das bestehende Recht nur in einem später hervorzuhebenden Punkte abändert, jeder Gesellschafter zunächst auf sein im Geschäft steckendes Kapital vier Prozent Zinsen; der Rest soll nach Köpfen getheilt werden.*)

Daß auch bei Aktiengesellschaften aus dem Reingewinn zunächst eine Unternehmerrente zu zahlen sei, erschien der Verkehrsauffassung so natürlich, daß früher sogar eine Verzinsung der Aktien selbst dann für zulässig erachtet wurde, wenn die Gesellschaft überhaupt keinen Reingewinn erzielte — eine Ansicht, welche z. B. von Pöhls**) lebhaft auch vom gesetzgeberischen Standpunkt aus vertheidigt wurde. Wenn die deutsche Gesetzgebung später (abgesehen von Bauzinsen) nicht nur dies, sondern auch die Vertheilung von Abschlagsdividenden vor Feststellung des Reingewinns verbot, so war dies sicherlich im Interesse der Erhaltung des Grundkapitals durchaus zu billigen; daß nur die Rücksicht auf das Grundkapital, nicht das Verhältniß der Aktionäre zu einander hierbei maßgebend war, ist zweifellos, da bei der offenen Handelsgesellschaft nach Art. 109 HGB. eine Verzinsung auch ohne Reingewinn auf Kosten des Gesellschaftskapitals stattfindet — eine Bestimmung, welche übrigens § 109 des Entwurfs mit Recht beseitigt.

In denjenigen Ländern, in denen die Verzinsung der Aktien ohne nachgewiesenen Reingewinn nicht ausdrücklich verboten ist, erachtet man dieselbe noch jetzt für zulässig, und es giebt z. B. in Frankreich noch jetzt viele Gesellschaften, welche für ihre Aktien einen coupon d'intérêt und einen coupon de dividende ausgeben.***)

Trotz des Verbots der Vertheilung von Zinsen ist sich aber die deutsche Geschäftswelt völlig bewußt geblieben, daß in der zur Vertheilung gelangenden Dividende die Unternehmerrente und der reine Unternehmergewinn steckt. Die große Mehrzahl der Statuten deutscher Aktiengesellschaften bestimmt nämlich über die Vertheilung des Gewinns — wenn wir den Reservefonds außer Betracht lassen —:

*) In dem Entwurf heißt es „Kapitalantheil"; gemeint ist, wie sich aus Abs. 2 ergiebt, dasjenige Kapital, welches sich aus der geleisteten Einlage unter Berücksichtigung früherer Gewinne und Verluste ergiebt. Es wird zu erwägen sein, ob das Wort „Kapitalantheil" nicht zu irrthümlichen Auslegungen Anlaß geben kann.

**) Pöhls, Das Recht der Aktiengesellschaften (1842) S. 233.

***) Lyon-Caen et Renault, Traité des sociétés commerciales (1892) No. 552 s. s.

a) zunächst erhalten die Aktionäre 4 % auf das eingezahlte Kapital,

b) demnächst die Mitglieder des Vorstands und Aufsichtsraths die ihnen statutarisch bezw. durch Anstellungsvertrag zugesicherten Tantiemen;

c) der verbleibende Rest wird unter die Aktionäre vertheilt (oft mit dem Zusatz: soweit die Generalversammlung nicht anderweitig beschließt).

Bisweilen wird noch jetzt die Auskehrung zu a Zins oder Dividende, die Auskehrung zu c Superdividende genannt.

Die zu a genannten Beträge stellen die Unternehmerrente dar, diejenigen zu b die Arbeitsvergütung, diejenigen zu c den reinen Unternehmergewinn.

Man wird hiernach mit Fug behaupten können: die Nothwendigkeit, bei der Vertheilung des Reingewinns zwischen Unternehmerrente und zwischen dem reinen Unternehmergewinn zu unterscheiden, ist trotz des Verbots der Vertheilung von Zinsen aus dem Grundkapital noch jetzt in der Geschäftswelt allgemein anerkannt.

Ist dies aber richtig, so ergeben sich die Schlußfolgerungen für den Fall des Zusammentreffens von vollgezahlten und nicht vollgezahlten Aktien von selbst. Die Unternehmerrente ist vorweg zu zahlen; bei ihr ist der Prozentsatz nach dem Kapitalbetrag zu berechnen, für deren Nutzung der Aktionär entschädigt werden soll — also nach Verhältniß der Einzahlungen. Der reine Unternehmergewinn (die Superdividende) ist nach Verhältniß der Gefahr zu berechnen, d. h. nach Verhältniß der Aktienbeträge.

Nur wenige Gesellschaften haben die Frage in ihren Statuten geordnet. Nach dem aus älterer Zeit stammenden Statut der Lebensversicherung Nordstern zu Berlin partipiziren die Aktionäre, welche Vollzahlung geleistet haben, nicht nach Verhältniß der Einzahlung, sondern nach Verhältniß der Aktienbeträge an der Superdividende. Die Brasilianische Bank für Deutschland hatte eine gleichartige Bestimmung in ihrem Statut; dieselbe ist später abgeändert worden, weil das Berliner Börsenkommissariat — welches sich um die Entwickelung des Aktienwesens gewiß Verdienste erworben hat, in diesem Fall aber m. E. die wirthschaftliche Bedeutung des Risikos für die Vertheilung des Gewinns verkannte — von dieser Abänderung die Einführung der an der Hamburger Börse bereits zugelassenen Aktien abhängig machte.

Dieser Auffassung des Börsenkommissariats haben sich seitdem einige neuere Gesellschaften gefügt. Besonders charakteristisch tritt aber die richtige wirthschaftliche Auffassung hervor in dem Statut der jüngst unter Mitwirkung hervorragender Bankinstitute gegründeten „Aktiengesellschaft Neuhof". Dort heißt es im § 13:

Der Reingewinn wird wie folgt vertheilt:

1. 5 Prozent werden dem Reservefonds überwiesen.
2. Sodann erhalten die Aktionäre der Reihe A bis D bis zur Vollzahlung der Reihe E für den Mehrbetrag der von ihnen gegenüber den Aktien der Reihe E geleisteten Einzahlungen*) 5 % Jahreszinsen**).

   Soweit der Gewinn eines Jahres zu dieser Zinszahlung nicht ausreicht, sind die Gewinne der nächsten Jahre und falls die Gesellschaft in Liquidation tritt, der gemäß § 14c zur Vertheilung kommende Rest der Liquidationsmasse hierfür vorzugsweise zu verwenden.
3. Vom Ueberschuß gelangt nur diejenige Summe zur Vertheilung, welche der Gesellschaft baar zur Verfügung steht und nach dem Ermessen des Aufsichtsraths zum weiteren Geschäftsbetriebe nicht erforderlich ist.

In diesem Statut kommt der Anspruch auf die Unternehmerrente so stark zum Ausdruck, daß sogar Nachzahlungen aus den Erträgen späterer Jahre stattfinden sollen. Man wird im Gesetz nicht so weit gehen dürfen. Jedenfalls wird es sich aber empfehlen, eine Bestimmung aufzunehmen, nach welcher die Unternehmerrente nach Verhältniß der Einzahlungen, der reine Unternehmergewinn nach Verhältniß der Aktienbeträge vertheilt wird. Als normalen Rentenbetrag wird man im Anschluß an die meisten Statuten und in Ueberein-

---

*) § 8 des Statuts bestimmt: Die Einforderung der weiteren Einzahlungen erfolgt auf Beschluß des Aufsichtsraths durch den Vorstand, und zwar dergestalt, daß immer erst eine Reihe vollzuzahlen ist, bevor eine Einzahlung auf die folgende Reihe eingefordert wird.

**) Nach der Fassung des Statuts ist hier nur von einer Rente auf die geleistete Mehreinzahlung die Rede. Sachlich unterscheidet sich diese Fassung — abgesehen von einem hier unerheblichen Punkte — nicht von den früher erwähnten, in denen die ganze Unternehmerrente vorweg berechnet wird. Vorstand und Aufsichtsrath sind nämlich bei der Gesellschaft mit ihren Tantièmen auf einen etwaigen Ueberschuß bei der Liquidation verwiesen.

stimmung mit den gleichartigen Vorschriften bei der offenen Handelsgesellschaft (§ 109) 4 % annehmen können.*)

Hiernach wird sich folgende Gesetzesbestimmung (etwa hinter § 199 Abs. 1 des Entwurfs) empfehlen:

> Ist nur ein Theil des Grundkapitals eingezahlt, so erhalten die Aktionäre aus dem vertheilbaren Reingewinn zunächst vier Prozent nach Verhältniß der Höhe und der Zeit der Einzahlungen. Im Uebrigen ist der Antheil am Reingewinn nach Verhältniß der Aktienbeträge zu berechnen. Die vorstehenden Bestimmungen können durch den Gesellschaftsvertrag abgeändert werden.

---

*) Die Reichsbank gewährte ihren Aktionären nach dem Bankgesetz vom 14. März 1875 (R.G.Bl. S. 177) aus dem Reingewinn vorweg 4½ % „ordentliche Dividende“. Mit Rücksicht auf die Verminderung des Zinsfußes ist die ordentliche Dividende durch Gesetz vom 18. Dezember 1889 (R.G.Bl. S. 201) auf 3½ % herabgesetzt. Dieser Zinsfuß kann indessen nicht allgemein maßgebend sein, weil die Reichsbank präsumtiv eine größere Sicherheit bietet, als die Aktiengesellschaften, und die Höhe des Zinses von der Sicherheit des Kapitals abhängt.

IV.

Bemerkungen zu einzelnen Bestimmungen des Entwurfs eines Handelsgesetzbuchs

von

Simon.

1. Handelsgeschäfte.

1. Das jetzige Handelsgesetzbuch unterscheidet zwei Arten von Grundhandelsgeschäften: die objektiven, bei denen es unerheblich ist, ob sie vereinzelt oder gewerbsmäßig, innerhalb oder außerhalb einer kaufmännischen Thätigkeit ausgeführt werden, und die subjektiven, welche nur dann die Eigenschaft von Handelsgeschäften haben, wenn sie gewerbsmäßig betrieben werden. Die Frage, ob man die Qualifizirung eines Geschäfts als Handelsgeschäft nur von objektiven oder nur von subjektiven Voraussetzungen abhängig machen solle, oder ob ein vollkommen gemischtes System (wie wir es im geltenden HGB. haben) oder ob nach dem Vorgang des Code de commerce ein gemischtes System mit überwiegend objektivem Ausgangspunkt den Vorzug verdiene, hat bereits auf den Nürnberger Konferenzen Veranlassung zu eingehenden Debatten gegeben. Rießer*) hat bereits vor Jahren hervorgehoben, das an dem System des Handelsgesetzbuchs festgehalten werden müsse, weil eine gegen das ganze System gerichtete Opposition in Handelskreisen sich nicht geltend gemacht habe und weil etwas entschieden Besseres und absolut Befriedigendes kaum an die Stelle gesetzt werden könnte. Rießer hat auch bereits hervorgehoben, daß es sich empfiehlt, im Anschluß an den französischen Code de commerce überwiegend von objektiven Gesichtspunkten auszugehen und daß kein Grund vorhanden sei, ein einmaliges Verlagsgeschäft oder Geldwechslergeschäft eines Nichtkaufmanns anderen Regeln zu unterwerfen, als das Verlagsgeschäft eines Buchhändlers oder das Geldwechslergeschäft eines Bankiers. Unwiderlegt, weil unwiderlegbar, sind auch

*) Rießer, Zur Revision des Handelsgesetzbuchs S. 12.

die Worte Goldschmidts:*) „Immer zahlreicher werden zwischen Kaufleuten aber außerhalb ihres Gewerbes, zwischen Kaufleuten und Nichtkaufleuten, von Nichtkaufleuten untereinander Vermittlungsgeschäfte**) Gewinnes halber geschlossen und zwar in dem Sinne, welchen sie im Gewerbsverkehr der Kaufleute haben: sie wollen nach Handelsrecht beurtheilt werden."

Der Entwurf hat im Gegensatz hierzu die objektiven Grundhandelsgeschäfte vollständig gestrichen. Er geht hierbei von der Meinung aus, daß in Ansehung der Versicherungen gegen Prämie und der Seefracht- und Bodmerei-Geschäfte die Beibehaltung der objektiven Handelsgeschäfte kaum ein praktisches Interesse habe. Bei den Spekulationskäufen und Lieferungsgeschäften aber liege ein innerer Widerspruch darin, daß zwar die Spekulationsgeschäfte, nicht aber die erforderlichen Realisationsgeschäfte als Handelsgeschäfte gelten sollen; überdies sei es bedenklich, die rechtliche Natur des Geschäfts lediglich von dem Zwecke abhängig zu machen. Es ist nicht bekannt geworden, daß gerade dieser Theil der geltenden gesetzlichen Bestimmungen jemals zu Schwierigkeiten Anlaß gegeben habe und es erscheint mir daher auch ein Bedürfniß dafür nicht vorzuliegen, daß dieselben in diesem Punkte geändert werden. Wenn zwei Bankdirektoren an der Börse ein Termingeschäft über 1000 Stück Oesterreichische Kreditaktien machen, so ist nicht abzusehen, weshalb der rechtliche Charakter dieses Geschäfts ein anderer sein sollte, als wenn ihre Banken das Geschäft mit einander schließen. Regelmäßig sind überdies die gesetzlichen Bestimmungen für bestimmte Rechtsgeschäfte, wie wir sie im Handelsrecht finden, nicht sowohl mit Rücksicht auf die Person der Kontrahenten, als vielmehr mit Rücksicht auf den Charakter des Geschäfts gegeben. Wenn Jemand, der Nichtkaufmann ist, aus irgend welchen Gründen die Versicherung eines Schiffes übernehmen sollte, so liegt kein Grund vor, auf einen solchen Fall die Grundsätze des Handelsrechts nicht zur Anwendung zu bringen.

Das System des Entwurfs hat aber auch die mißliche Folge, daß bei manchen Einzelmaterien des Handelsrechts sich erhebliche Schwierigkeiten in den Begriffsbestimmungen und in der Ausgestaltung ergeben. So konnte die Bestimmung des Art. 66 HGB., wonach Handelsmäkler Vermittler für Handelsgeschäfte sind, nicht aufrecht er-

*) Goldschmidt, Handbuch des Handelsrechts 2 Aufl. I S. 432.

**) „Handelsgeschäft ist ein jedes Gewinngeschäft, durch welches der Güterumlauf vermittelt wird." Goldschmidt a. a. O. S. 414.

halten werden und man mußte daher im § 82 des Entwurfs dazu schreiten, in komplizirter und dabei doch nicht erschöpfender Weise als Handelsmäkler zu bezeichnen:

> wer gewerbsmäßig für andere Personen, ohne von ihnen auf Grund eines Vertragsverhältnisses ständig damit betraut zu sein, die Vermittelung von Verträgen über Anschaffung oder Veräußerung von Waaren oder Werthpapieren, über Versicherungen, Güterbeförderungen, Bodmerei, Schiffsmiethe und sonstige Gegenstände des Handelsverkehrs übernimmt.

Noch schlimmer ist es infolge der veränderten Bestimmungen über den Begriff der Handelsgeschäfte dem Kommissionsgeschäft ergangen. Nach Art. 360 HGB. ist derjenige Kommissionär, welcher gewerbsmäßig in eigenem Namen für Rechnung eines Auftraggebers Handelsgeschäfte schließt. Es kann an dieser Stelle*) dahingestellt bleiben, ob diese Vorschrift mit Rücksicht auf die entstandenen Kontroversen einer Ergänzung bedurft hätte; der Entwurf jedenfalls ist lediglich infolge seines anderweitigen Systems der Handelsgeschäfte gezwungen gewesen, an Stelle der bisherigen Vorschrift den § 355 zu setzen, welcher lautet:

> Kommissionär ist, wer es gewerbsmäßig übernimmt, Waaren oder Werthpapiere für Rechnung eines Anderen (des Kommittenten) in eigenem Namen zu kaufen oder zu verkaufen.

Hiernach würden also lediglich infolge der Aenderung des Systems der Handelsgeschäfte die materiellen Bestimmungen über das Kommissionsgeschäft ohne jede sachliche Veranlassung geändert, derart, daß z. B. die Wechselziehung, der Abschluß von Versicherungsverträgen, die Ertheilung von Kommissionsaufträgen in eigenem Namen und für Rechnung Anderer nicht mehr als Kommissionsgeschäfte im Sinne des Entwurfs anzusehen sind.**)

Der Umstand, daß der Aenderung des Systems materielle Rechtsbestimmungen, für deren Abänderung an sich keinerlei Veranlassung vorliegt, zum Opfer fallen mußten, sollte Veranlassung geben, nochmals in Erwägung zu ziehen, ob in der That das neue System nothwendig war und ob man nicht besser thäte, den Rießer'schen Vorschlägen entsprechend, sich im Wesentlichen an das System des Code de commerce anzuschließen. Dies um so mehr, als dieses System in den europäischen Handelsgesetzbüchern überwiegend zur Annahme gelangt ist und die

---

*) Vgl. unten S. 84.

**) Die Bestimmung des § 380 bietet nur eine sehr unvollkommene Ergänzung.

Berücksichtigung desselben im neuen Entwurf auch im Interesse der Rechtsausgleichung liegt.

2. Unter den im § 1 namentlich aufgeführten Handelsgeschäften vermisse ich die Versicherung auf Gegenseitigkeit. Die Motive (S. 13) erkennen an, daß das Bedürfniß besteht, die für die Kaufleute geltenden Vorschriften auch auf die Versicherungsgesellschaften auf Gegenseitigkeit auszudehnen; sie erklären indessen in Ermangelung einer gesetzlichen Feststellung des Begriffs dieser Gesellschaften zur Zeit eine solche Ausdehnung nicht für angängig. Diese Gründe erscheinen nicht als durchschlagend. Das Versicherungsrecht einschließlich der Versicherung auf Gegenseitigkeit soll alsbald gesetzlich geordnet werden. Die theoretischen Bedenken, welche der Aufnahme der Versicherung auf Gegenseitigkeit unter die Handelsgeschäfte früher entgegenstanden, sind gegenüber dem Bedürfnisse des praktischen Lebens längst gefallen, und eine Anzahl von Handelsgesetzbüchern rechnet bereits alle Versicherungen, auch diejenigen ohne feste Prämie, unter die Handelsgeschäfte, z. B. das Ungarische Handelsgesetzbuch § 258 Nr. 4. Da ohnehin auch die Regelung des gesammten Versicherungsgeschäfts in naher Aussicht steht und hierbei nähere Ausführungsbestimmungen bezüglich der Versicherung auf Gegenseitigkeit getroffen werden können, so erscheint es sachgemäß, schon jetzt die Uebernahme von Versicherungen jeder Art unter die Handelsgeschäfte aufzunehmen, um es auf diese Weise zu vermeiden, daß der neue Entwurf, bald nachdem er Gesetz geworden sein wird, in diesem Punkte wieder geändert werden muß.

II. Handelsregister.

3. Nach § 14 des Entwurfs kann eine einzutragende Thatsache, so lange sie nicht eingetragen und bekannt gemacht ist, von demjenigen, in dessen Angelegenheiten sie einzutragen war, einem Dritten nicht entgegengesetzt werden, es sei denn, daß sie diesem bekannt war; andererseits muß ein Dritter, wenn die Thatsache eingetragen oder bekannt war, sie gegen sich gelten lassen, es sei denn, daß er sie weder kannte noch kennen mußte. In diesen Bestimmungen kommt das Prinzip des öffentlichen Glaubens des Handelsregisters zum Ausdruck. In einem Fall hat der Entwurf (§ 111 Z. 4) mit Recht die weitere Folgerung aus diesem Prinzip gezogen, daß nach der Eintragung einer offenen Handelsgesellschaft auch dann der öffentliche Glaube des Handelsregisters durchgreift, wenn die Eintragung materiell

zu Unrecht erfolgt war, d. h. wenn in Wahrheit gar keine offene Handelsgesellschaft vorlag. Die Rechtskonsequenz und das praktische Bedürfniß verlangen, daß diese Bestimmung auch auf den Einzelkaufmann entsprechende Anwendung findet.

Nach dem von Staub und mir auf dem Anwaltstage gestellten Antrage soll Jeder, der in das Handelsregister als Kaufmann eingetragen ist, Dritten gegenüber rechtlich als Kaufmann gelten. Thatsächlich herrscht im Publikum schon jetzt allgemein die Ansicht, daß man sich auf den Inhalt des Handelsregisters nach dieser Richtung hin verlassen könne.

Und es ist auch kein Grund vorhanden, weshalb jemandem, der sich als Kaufmann in das Handelsregister eintragen ließ, später im Prozeß der Einwand gestattet werden soll, daß er in Wahrheit nicht Kaufmann sei.

4. Fraglich könnte sein, ob der im § 14 des Entwurfs zum Ausdruck gebrachte Grundsatz auch dann Anwendung finden soll, wenn eine Eintragung oder Löschung ohne Verschulden des zum Antrag Verpflichteten unterblieben, insbesondere wenn ein Eintragungs- oder Löschungsantrag zwar gestellt, aber abgelehnt worden ist. Auf den ersten Blick erscheint es unbillig, daß der Antragspflichtige hierunter leiden soll. Indessen wird man es bei dem Entwurf deswegen belassen können, weil bei der Wahl, ob der Kaufmann oder der Dritte einen Schaden tragen soll, an dem Beide kein Verschulden trifft, der Schaden füglich dem Kaufmann aufzuerlegen ist, da das Handelsregister in dessen Interesse geführt wird.

III. Handelsfirmen.

5. Die Bestimmung des Entwurfs, wonach die Firma einer Aktiengesellschaft die Bezeichnung „Aktiengesellschaft" enthalten solle, ist bereits oben (S. 25) bekämpft worden, weil für eine solche Vorschrift ein Bedürfniß nicht vorhanden ist. Nur dann hat man bisher in der Praxis die Aufnahme des Wortes „Aktiengesellschaft" in die Firma verlangt, wenn eine Aktiengesellschaft ein Handelsgeschäft mit dem Firmenrecht erwarb und die Firma des Rechtsvorgängers fortführen wollte. Ob nach dem geltenden Rechte dies Verlangen der Registerrichter gerechtfertigt war, kann dahingestellt bleiben; jedenfalls haben die Interessenten die sachliche Berechtigung eines solchen Verlangens eingesehen und so finden wir thatsächlich eine nicht unerhebliche Anzahl von Aktiengesellschaften in Deutschland, welche in ihrer

Firma den Namen eines Rechtsvorgängers und die Bezeichnung „Aktiengesellschaft“ haben, z. B. „Ludwig Loewe u. Co., Aktiengesellschaft“ u. a. m. In solchen Fällen ist thatsächlich die Möglichkeit vorhanden, daß Dritte ohne einen solchen Zusatz die bisherigen Inhaber der Firma für haftbar halten. Es empfiehlt sich daher im Anschluß an die bereits bestehende Praxis den § 20 Abs. 2 des Entwurfs dahin abzuändern:

> Erfolgt die Fortführung der Firma durch eine Aktiengesellschaft, so hat die Firma die Bezeichnung „Aktiengesellschaft“ zu enthalten.

6. Wenn der Entwurf im § 23 Absatz 1 bestimmt, daß derjenige, der ein von ihm erworbenes Handelsgeschäft unter der bisherigen Firma fortführt, für alle im Betriebe des Geschäfts entstandene Verbindlichkeiten haftet, so erscheint dies mit Rücksicht auf die Richtung, welche die Rechtsprechung des Reichsgerichts in dieser Frage einmal genommen hat, durchaus sachgemäß. Ebenso erscheint es sachgemäß, daß die Vorschrift keine Anwendung findet, wenn in handelsüblicher Weise vom Erwerber oder vom Veräußerer bekannt gemacht ist, daß die Forderungen oder Schulden von dem Erwerber des Geschäfts nicht übernommen seien. Nur empfiehlt es sich im Gesetz über die Art und Weise, wie die Bekanntmachung stattzufinden hat, nähere Bestimmungen zu treffen. Das Naturgemäße ist, daß mit dem Antrag auf Eintragung des Firmenerwerbes dem Registerrichter eine Anzeige gemacht wird, wenn die Forderungen oder Schulden von dem Erwerber des Geschäfts nicht übernommen werden und daß mit der Bekanntmachung des Firmenüberganges auch der Ausschluß des Uebergangs der Forderungen oder Schulden durch den Registerrichter bekannt gemacht wird. Auf diese Weise würden viele Streitigkeiten vermieden werden. Thatsächlich findet sich bereits jetzt bisweilen in den Bekanntmachungen der Registerrichter eine bezügliche Bemerkung, und das Amtsgericht I zu Berlin trägt in neuerer Zeit auch den Ausschluß des Uebergangs der Aktiven und Passiven in das Handelsregister ein. Die Praxis der Registerrichter ist indessen eine schwankende. Eine größere Anzahl von Registergerichten ist der Meinung, daß der Ausschluß des Uebergangs von Aktiven und Passiven weder eingetragen noch veröffentlicht werden könne, weil dies im Gesetz bezw. durch die in den einzelnen Bundesstaaten erlassenen Ausführungsanweisungen nicht vorgesehen sei. Es empfiehlt sich daher, die Angelegenheit allgemein zu ordnen und zur Vermeidung aller Zweifel den § 23 Abs. 2 dahin abzuändern:

Diese Vorschriften (bezüglich des Uebergangs der Aktiven und Passiven) finden keine Anwendung, wenn der Erwerber oder Veräußerer bei dem Antrage auf Eintragung des Uebergangs erklärt, daß die Forderungen oder Schulden von dem Erwerber des Geschäfts nicht übernommen seien, und die Eintragung dieser Thatsache in das Handelsregister beantragt.

7. Nach § 28 des Entwurfs und in Uebereinstimmung mit dem bestehenden Recht soll sich jede Handelsfirma von allen an demselben Ort oder in derselben Gemeinde bereits bestehenden und in das Handelsregister eingetragenen Firmen deutlich unterscheiden. Die Beschränkung dieser Bestimmung auf denselben Ort oder dieselbe Gemeinde ist in Handelskreisen vielfach unangenehm empfunden worden, und man hat den Vorschlag gemacht, die Nothwendigkeit einer Unterscheidung von allen anderen in Deutschland bestehenden Firmen zu verlangen. Ein solches Verlangen würde zu weit gehen und praktisch zu den größten Schwierigkeiten führen. Das Bedürfniß ist hauptsächlich in größeren Städten und deren Vororten hervorgetreten. Namentlich Berlin ist mit seinen Nachbargemeinden so zusammengewachsen, daß es mit den Vororten wirthschaftlich einen Ort bildet. Es wird daher in Erwägung zu ziehen sein, ob nicht dem Bundesrath oder der Landesjustizverwaltung die Befugniß eingeräumt werden könnte, die Anwendbarkeit der Bestimmung auf einzelne benachbarte Orte auszudehnen. Eine derartige Regelung der Sache würde nicht ohne Vorgang in unserer Gesetzgebung sein. So bestimmt z. B. der Bundesrath nach § 24 des Wechselstempelgesetzes, in welchen Fällen Anweisungen, die an einem Nachbarort zahlbar sind, den Platzanweisungen gleichgeachtet werden sollen.

IV. Handelsbücher.

8. Der Entwurf des Handelsgesetzbuchs unterläßt es, die Führung bestimmter Handelsbücher vorzuschreiben. Dies ist durchaus sachgemäß. Schon das Handelsgesetzbuch stellte sich im allgemeinen auf denselben Standpunkt und hat nur ein einziges Handelsbuch als nothwendig vorgeschrieben, nämlich das Briefkopirbuch. Es ist charakteristisch, daß in dem Menschenalter, welches seit der Veröffentlichung des Handelsgesetzbuchs verflossen ist, gerade dieses einzige vom Handelsgesetzbuch vorgeschriebene Handelsbuch thatsächlich bei allen größeren Geschäften und Banken außer Gebrauch kam, weil es bei der Zunahme des Verkehrs sich als völlig unpraktisch erwies. Man bewahrt die Korrespondenz — die eingehenden Briefe und Klatschkopie der ausgehenden

Briefe — jetzt zumeist nach der Person der Geschäftsfreunde oder nach den in der Korrespondenz enthaltenen Gegenständen geordnet in Aktenmappen auf. Aus diesem Grunde hat der Entwurf mit Recht auch das Briefkopirbuch nicht mehr als nothwendig bezeichnet und statt dessen die Bestimmung aufgenommen, daß Abschriften*) der abgesandten Handelsbriefe zurückbehalten und diese Abschriften, sowie die empfangenen Handelsbriefe geordnet aufzubewahren sind. Im Uebrigen beschränkt sich der Entwurf auf die Vorschrift, daß jeder Kaufmann verpflichtet ist, Bücher zu führen und in diesen seine Handelsgeschäfte und die Lage seines Vermögens nach den Grundsätzen ordnungsmäßiger Buchführung ersichtlich zu machen.

9. Unter ordnungsmäßiger Buchführung ist dasjenige zu verstehen, was nach der Uebung des Handelsstandes als kaufmännische Buchführung bezeichnet zu werden pflegt. Innerhalb der kaufmännischen Buchführung giebt es zwei Hauptarten: die einfache und die doppelte Buchführung; innerhalb dieser Hauptarten wiederum giebt es eine Reihe von verschiedenen Unterarten. Jedenfalls handelt es sich auch bei diesen Unterarten stets nur um Abweichungen in der Ausführung; all die vielen Systeme, welche im Laufe der Zeit erfunden und benutzt wurden, lassen sich auf die beiden Systeme der einfachen und doppelten Buchhaltung zurückführen.

Es ist bereits oben erwähnt (S. 30), daß bei dem Zusammentreffen des landwirthschaftlichen und kaufmännischen Gewerbes nach der gegenwärtigen Lage der Gesetzgebung der Landwirth gezwungen ist, die kaufmännische Buchführung auch für die Landwirthschaft anzuwenden. Denn soll die Lage des Vermögens des Kaufmanns aus seinen Handelsbüchern jeweilig ersehen werden, so wird er sich der Berücksichtigung des landwirthschaftlichen Gewerbes in denselben nicht entziehen können. Hier wird zu Gunsten der Landwirthschaft (sowie der Forstwirthschaft) eine Bestimmung getroffen werden müssen. Ingleichen werden für die Berggewerkschaften die Grundsätze der gewerkschaftlichen

*) Lubszynski (Das neue Handelsgesetzbuch, Hamburg 1896) S. 17, bemängelt, daß nach dem Wortlauf des Entwurfs es nicht zulässig sein würde, wenn die Antwort auf dem eingehenden Briefe vermerkt und in dieser Form aufbewahrt wird; in einem solchen Falle handle es sich nicht um die Abschrift, sondern um die Urschrift, während der abgesandte Brief selbst sich nur als Abschrift darstelle. Demgegenüber sei bemerkt, daß auch dann, wenn die Antwort auf dem eingehenden Briefe verfügt wird, nach kaufmännischer Gepflogenheit der Brief selbst mit Kopirtinte ausgeschrieben und eine Klatschkopie zurückbehalten zu werden pflegt.

Buchführung aufrecht zu erhalten sein. Dies würde am besten im Anschluß an den § 34 des Entwurfs geschehen. Ich vermag nicht zu übersehen, ob auch bei anderen Gewerbszweigen ähnliche Verhältnisse vorliegen können und ob daher eine allgemeine Ausnahmebestimmung für solche gewerbliche Betriebe erforderlich sein wird, für welche eine besondere von der kaufmännischen Buchführung abweichende Art der Buchführung üblich ist; sollte dies nicht der Fall sein, so würde es genügen, lediglich die land- und forstwirthschaftliche und die gewerkschaftliche Buchführung vorzubehalten.

10. Nach Art. 29 HGB. bezw. § 35 des Entwurfs hat der Kaufmann bei dem Beginn des Handelsgewerbes seine sämmtlichen Vermögensgegenstände genau zu verzeichnen, dabei den Werth der einzelnen Vermögensgegenstände anzugeben und einen das Verhältniß des Vermögens und der Schulden darstellenden Abschluß zu machen.

Die bezügliche Bestimmung des Handelsgesetzbuches ist nach einer Richtung hin in der Praxis niemals vollständig zur Ausführung gelangt. Es haben nämlich die Kaufleute diejenigen Gegenstände, welche zu ihrem Hauswesen gehören, Möbel, Wirthschaftsgegenstände, Kleidungsstücke, Schmucksachen u. dergl., niemals in das Inventar oder die Bilanz aufgenommen. Nach der geschichtlichen Entwicklung der Buchhaltung ist dies meines Wissens auch früher niemals geschehen. Die Buchführung würde dadurch mit Dingen beschwert, welche offensichtlich regelmäßig ohne erhebliches Interesse sind und welche auch aus praktischen Gründen nicht in die Buchführung hineingehören. Genau genommen, müßte dann bei jedem Jahresabschluß der Kaufmann angeben, wieviel Gläser zerbrochen sind, welche Lebensmittel er vorräthig hat u. dergl. Die Fassung des Art. 29 HGB. läßt sich nachweislich in der Hauptsache zurückführen auf die französische Ordonnance du commerce vom März 1673, welche auch Code Savary genannt zu werden pflegt, weil sie unter dem Einfluß Jaques Savary des Aelteren entstanden ist. Dort ist bestimmt: Seront tenus tous les Marchands de faire . . . Inventaire . . . de tous leurs effets mobiliaires et immobiliaires et de leurs dettes actives et passives. . . . Aus der Darstellung desselben Savary in seinem zuerst 1675 erschienenen Werke Le parfait négociant (L. IV ch. IX) geht aber hervor, daß schon dieser eine Inventarisirung der zum Hauswesen gehörigen Gegenstände nicht verlangte. Ebenso hat sich auch der deutsche Kaufmannsstand insoweit über den Wortlaut des HGB. hinweggesetzt; bei den Verhandlungen vor den Strafgerichten wegen ungenügender Buchführung ist nach meiner Kenntniß dieser Punkt nie gerügt worden. Indessen empfiehlt es sich, zumal mit Rücksicht auf etwaige strafrechtliche Konsequenzen, denselben bei der Revision des Handelsgesetzbuchs klarzustellen und ausdrücklich hervorzuheben, daß die Aufnahme der zum Hauswesen des Kaufmanns gehörigen Gegenstände in das Inventar und in die Bilanz nicht erforderlich ist.

Dagegen muß mit Entschiedenheit Einspruch erhoben werden gegen den anderwärts*) gemachten Vorschlag, daß dem Kaufmann auch im Uebrigen bezüglich seines Privatvermögens die Pflicht zur Buchführung nicht obliegen soll. Der Zweck der Buchführung ist ein doppelter. Sie soll zunächst dem Kaufmann seine Verhältnisse deutlich vor Augen führen, damit er sich selbst über dieselben klar wird. Dies würde nicht der Fall sein, wenn ein Theil des Vermögens, abgesehen von dem regelmäßig unbeachtlichen Hauswesen, in der Buchführung außer Betracht bleibt. Noch wichtiger aber ist die konkurs- und strafrechtliche Bedeutung der Bücher. Aus den Handelsbüchern sollen die Gläubiger feststellen können, welche Gegenstände ihrem Zugriff unterliegen; für den Konkursverwalter sollen die Bücher die Grundlage seiner Verwaltungsthätigkeit bilden. Wenn ein Kaufmann bei Eröffnung seines Geschäftsbetriebes sich eine Hypothek von 200 000 Mk. bei Seite legen kann, die er nicht in die Bücher aufzunehmen braucht, so würde der Beiseiteschaffung von Vermögensstücken seitens der Kaufleute Thür und Thor geöffnet werden. Strafrechtlich würde bei jeder Unterlassung einer Eintragung der Einwand erhoben werden, daß der betreffende Gegenstand nicht zum Handelsvermögen gehöre, und da rechtlich eine Scheidung zwischen Handelsvermögen und Privatvermögen bei dem Einzelkaufmann nicht existirt, würde für eine strafrechtliche Verurtheilung selten Material übrig bleiben. Uebrigens wird für Handelsgesellschaften schon von Savary (a. a. O. ch. X.) darauf hingewiesen, daß die Socien über ihr Privatvermögen besondere Inventur machen müssen — und es ergiebt sich daraus, daß dies auf alter kaufmännischer Uebung beruht. Hiernach ist, abgesehen von besonderen Bestimmungen über die zum Hauswesen gehörigen Gegenstände, an den bestehenden Vorschriften hinsichtlich des Umfangs der Inventarisirung festzuhalten.

---

*) Manfred Berliner, Die kaufmännische Buchführung im Entwurf zum neuen Handelsgesetzbuch. Hannover 1896.

11. Nach Art. 185a Ziffer 3 des Aktiengesetzes von 1884 und nach § 238 des Entwurfs können bei Aktiengesellschaften Anlagen und sonstige Gegenstände, die nicht zur Weiterveräußerung, vielmehr dauernd zum Geschäftsbetriebe der Gesellschaft bestimmt werden, zu dem Anschaffungs- oder Herstellungspreis angesetzt werden, sofern ein der Abnutzung gleichkommender Betrag in Abzug gebracht oder ein ihr entsprechender Erneuerungsfonds in Ansatz gebracht wird.

Daß sich diese Bestimmung unter den Vorschriften über das Aktienrecht findet, ist nach meiner Ansicht lediglich darauf zurückzuführen, daß die Frage der Bilanzirung der Betriebsgegenstände seiner Zeit bei der Erörterung des Aktiengesetzes zuerst eingehend zur Sprache gekommen ist und daß man damals Bestimmungen über die Bilanzen der Kaufleute im Allgemeinen nicht geben konnte. Thatsächlich wird, wie jedem Praktiker bekannt ist, der vorerwähnte Grundsatz nicht nur bei den Aktiengesellschaften, sondern ganz allgemein bei allen Bilanzen beobachtet. Er ergiebt sich auch, wie ich anderwärts eingehend nachzuweisen versucht habe, aus dem Wesen der Bilanz, für welche der individuelle Verkaufs- oder Nutzungswerth maßgebend ist, je nachdem der zu bewerthende Gegenstand für den Verkauf oder für den Gebrauch bestimmt ist. Als der individuelle Gebrauchswerth der Anlage wird aber nach Jahrhunderte langer Uebung der Erwerbspreis abzüglich etwaiger Abnutzungsbeträge angesehen. Der Fabrikbesitzer, dessen Fabrik durch Steigerung der Grundstückswerthe im Preise gestiegen ist, erachtet sich nicht für berechtigt, „sich reich zu rechnen", indem er den Werth seiner Fabrik in seinen Büchern erhöht. Andererseits hält er sich für berechtigt, die Fabrik dauernd ohne Rücksicht auf einen etwaigen niedrigeren Verkaufspreis zum Erwerbspreis abzüglich der Abnutzung in Ansatz zu bringen, auch wenn die Grundstückskonjunktur einmal eine ungünstige sein sollte. Denn für ihn kommt nicht der Verkauf, sondern das Haben des Objekts in Betracht, und die Grundstückskonjunktur ist daher für ihn inviduell erst dann von Erheblichkeit, wenn das Grundstück zum Verkauf bestimmt ist. Auch hier ist schon aus strafrechtlichen Gesichtspunkten das Gesetz mit der sachlich berechtigten Uebung in Einklang zu setzen und die Bestimmung des § 185 Ziffer 3 des Entwurfs aus dem Aktienrecht herauszunehmen und in den § 37 des Entwurfs einzufügen, in welchem die allgemeinen Bestimmungen über den Werthansatz in der Bilanz enthalten sind.

12. Mit Rücksicht auf die neuerliche Rechtsprechung des Oberverwaltungsgerichts ist indessen die vorerwähnte Bestimmung des Art. 185a

HGB. bezw. § 238 Ziffer 3 des Entwurfs in einem Punkte klarzustellen. Die Motive zum Aktiengesetz von 1884 (Heymann'sche Ausgabe S. 260) ergeben, daß Aktiengesellschaften die Betriebsgegenstände zum Anschaffungs- oder Herstellungspreise des Abnutzungsbetrages sollten ansetzen können, mag der Verkaufswerth ein höherer oder ein niedrigerer sein. Dies entspricht auch der kaufmännischen Uebung. Das Oberverwaltungsgericht hat aber in wiederholten Entscheidungen die Ansetzung von Abnutzungsbeträgen für unzulässig erklärt, wenn der Zeitwerth höher als der Bilanzwerth ist. (Preußisches Verwaltungsblatt XVII S. 102 u. m.) Es hat diese Ansicht in erster Reihe daraus abgeleitet, daß sich in Art. 185a Ziffer 3 die Worte finden:

> Anlagen ꝛc. dürfen ohne Rücksicht auf einen geringeren Werth zu dem Anschaffungs- oder Herstellungspreise angesetzt werden ꝛc.

Daß diese Folgerung nicht gerechtfertigt ist und daß es dem Gesetzgeber fern gelegen hat, die Abschreibung für Abnutzungen für unzulässig zu erklären, wenn der Verkaufswerth höher ist als der Bilanzwerth, ergiebt sich, wie bereits erwähnt, aus den Motiven. Wenn im Gesetz hervorgehoben wird, daß diese Art der Bilanzirung „ohne Rücksicht auf einen geringeren Werth" zulässig sei, so ist hierbei nur exemplifikativ der wichtigste Fall hervorgehoben. Thatsächlich giebt es denn auch meines Wissens keine einzige Aktiengesellschaft in Deutschland, welche keine Abschreibungen für Abnutzung ihrer Anlagen vornimmt, und ich bezweifle, daß irgend ein Börsenkommissariat Aktien an der Börse zulassen würde, wenn in den Bilanzen solche Abschreibungen nicht vorgenommen werden. Daß die Direktoren und Aufsichtsräthe bei der Vornahme dieser Abschreibungen sich in der opinio necessitatis befinden, ergiebt sich wohl am besten daraus, daß sie dieselben stets vornehmen; denn sie schädigen sich hierdurch persönlich in ihren Tantiemeansprüchen.

Um indessen für die Zukunft der mit der allgemeinen Auffassung des Kaufmannsstandes sicher im Widerspruch stehenden Auffassung des Oberverwaltungsgerichts entgegenzutreten, empfiehlt es sich, die Worte „ohne Rücksicht auf einen geringeren Werth" in dem § 238 Ziffer 3 des Entwurfs auf alle Fälle zu streichen, da dieselben sachlich nicht nothwendig sind und zu einer nicht zutreffenden Auslegung Veranlassung gegeben haben.

V. Offene Handelsgesellschaft.

13. Nach § 106 des Entwurfs kann die Befugniß zur Geschäftsführung einem Gesellschafter durch Beschluß der übrigen Gesellschafter entzogen werden, wenn ein wichtiger Grund vorliegt; nach § 115 kann indessen die Vertretungsmacht einem Gesellschafter auf Antrag der übrigen Gesellschafter nur durch gerichtliche Entscheidung entzogen werden. Zwischen der Geschäftsführung und der Vertretungsmacht ist zweifellos ein wesentlicher begrifflicher Unterschied; praktisch hängt indessen die Geschäftsführung mit der Vertretungsmacht eng zusammen. Es kann daher meines Erachtens nicht gebilligt werden, wenn die Entziehung der Geschäftsführung an andere Voraussetzungen geknüpft ist als die Entziehung der Vertretungsmacht, und es wird sich empfehlen, in beiden Fällen eine gerichtliche Entscheidung über die Entziehung zu verlangen. Ist ein schleuniges Eingreifen erforderlich, so geben die prozessualischen Bestimmungen über einstweilige Verfügungen ein genügendes Hilfsmittel.

14. Durchaus zu billigen ist die Bestimmung im § 129 des Entwurfs, wonach bei einer unter zwei Personen bestehenden offenen Handelsgesellschaft der eine Gesellschafter auf seinen Antrag für berechtigt erklärt werden kann, das Geschäft mit Aktiven und Passiven zu übernehmen, wenn in der Person des Anderen die Voraussetzungen vorliegen, unter welchen bei einer größeren Zahl von Gesellschaftern seine Ausschließung aus der Gesellschaft zulässig sein würde. Indessen ist in Betracht zu ziehen, daß die Vermögenslage des ausscheidenden Gesellschafters verschlechtert wird, insofern er bisher Miteigenthümer war, nunmehr aber nur noch einen obligatorischen Anspruch auf Zahlung seines Gesellschaftsantheils gegen den das Geschäft übernehmenden Gesellschafter behält. Es müßte daher im Gesetz vorgesehen werden, daß das Gericht die Uebernahme des Geschäfts von der Bestellung einer nach Lage der Umstände zu bemessenden Sicherheit abhängig machen kann.

VI. Aktienrecht.

15. Würden meine oben (S. 32 ff) gemachten Vorschläge zur Vereinfachung des Aktienrechts, vornehmlich mit Rücksicht auf das Gesetz über die Gesellschaft mit beschränkter Haftung, angenommen, so würden insbesondere folgende Bestimmungen zu ändern sein:

§ 166. Die Aktien sind untheilbar und lauten auf den Inhaber.

Antheilscheine, die den Aktionären vor der Ausgabe der Aktien ausgestellt werden (Interimsscheine), müssen auf Namen lauten.

§ 167. Die Aktien müssen auf einen Betrag von mindestens 1000 Mk. gestellt werden. (Absatz 2—5 fallen fort).

§§ 169, 197 Absatz 2, 200, 206—208 fallen fort. An Stelle des Letzteren würde folgende Bestimmungen treten:

Die Interimsscheine sind mit genauer Bezeichnung des Gesellschafters nach Namen, Wohnort und Stand in ein von der Gesellschaft zu führendes Buch einzutragen. Sie können ohne Zustimmung der Gesellschaft auf andere übertragen werden. Geht das Eigenthum eines Interimsscheines auf einen Anderen über, so ist dies unter Vorlegung des Interimsscheines und des Nachweises des Uebergangs bei der Gesellschaft anzumelden und in dem Interimsscheinbuch zu vermerken. Die Echtheit der zum Nachweise des Uebergangs eingereichten Urkunden zu prüfen ist die Gesellschaft nicht verpflichtet. Die Gesellschaft braucht nur denjenigen als Eigenthümer der Aktie anzuerkennen, welcher als solcher im Interimsscheinbuch verzeichnet ist.

16. Die Anzahl der Essentialien eines Gesellschaftsstatuts ist bereits durch das Aktiengesetz von 1884 wesentlich vermindert worden. Der § 168 nimmt eine weitere Verminderung vor, indem er als solche Essentialien nur noch aufführt:

1. die Firma und den Sitz der Gesellschaft;
2. den Gegenstand des Untetnehmens;
3. die Höhe des Grundkapitals und der einzelnen Aktien;
4. die Art der Bestellung und Zusammensetzung des Vorstandes;
5. die Art, wie die Berufung der Generalversammlung und der Aktionäre geschieht;
6. die Art, wie die von der Gesellschaft ausgehenden Bekanntmachungen erfolgen.

Der Umstand, daß der Entwurf eine Nichtigkeitsklage besonders vorsieht, wenn einzelne Essentialien nicht erfüllt sind, wird erneute Veranlassung geben müssen zu prüfen, ob in der That die sämmtlichen aufgeführten sechs Essentialien als solche noch nothwendig sind. Nach meiner Auffassung können die zu 4, 5 und 6 aufgeführten fortfallen. Denn über die drei Gegenstände, welche zu 4, 5 und 6 aufgeführt sind, kann das Gesetz subsidiäre Vorschriften geben, welche für den Fall Anwendung finden, daß das Statut hierüber nichts Besonderes bestimmt. Für diese subsidiären Vorschriften wird man sich an diejenigen Bestimmungen zu halten haben, welche sich regelmäßig in den Statuten finden. Die vorgedachten drei Essentialien werden daher durch folgende Bestimmungen ersetzt werden können:

Zu 4: Der Vorstand besteht aus mindestens zwei Personen, welche vom Aufsichtsrath durch Stimmenmehrheit gewählt werden.

Zu 5: Die Generalversammlung der Aktionäre wird durch einmalige Bekanntmachung in den Gesellschaftsblättern berufen.

Zu 6: Die von der Gesellschaft ausgehenden Bekanntmachungen erfolgen durch einmalige Bekanntmachung in den Gesellschaftsblättern.

Ueberall ist der Zusatz zu machen: „soweit nicht der Gesellschaftsvertrag andere Bestimmungen enthält."

17. In den § 185 ist folgende Bestimmung aufzunehmen (vgl. oben S. 36);

Haben die Revisoren in ihrem Bericht Bedenken bezüglich des Hergangs der Gründung geäußert, so kann das Gericht dies gleichzeitig bekannt machen. Sind die Revisoren gemäß § 178 Abs. 3 durch das für die Vertretung des Handelsstandes berufene Organ bestellt worden, so darf diese Bekanntmachung nur erfolgen, wenn das für die Vertretung des Handelsstandes berufene Organ sich hiermit einverstanden erklärt hat.

18. Die Bestimmungen über die Eintragung von Zweigniederlassungen ausländischer Gesellschaften haben bisher in der Praxis vielfach zu Schwierigkeiten geführt, welche öffentlich wenig bekannt geworden sind, weil diese Schwierigkeiten meist durch Verhandlungen mit dem Registergericht, bisweilen freilich erst nach langer Zeit, gehoben wurden. Für die einzelnen Registergerichte, namentlich für diejenigen, welche außerhalb des Zentrums des Verkehrs liegen, ist gerade diese Materie überaus schwierig, da dieselben auch ausländische Rechte berücksichtigen müssen. Der neue Entwurf verlangt nur, daß das Bestehen der Aktiengesellschaft als solcher und soweit erforderlich auch die staatliche Genehmigung nachgewiesen werden muß. Er verlangt ferner, daß die Angaben, welche in der Veröffentlichung enthalten sein müssen, in die Anmeldung aufgenommen werden. Es wird schwer sein, im Gesetz eine weitere Regelung der Materie vorzunehmen.*) Die

*) Lehmann, (Archiv für civ. Pr. Bd. 86 S. 318) glaubt, daß gesetzlich eine allgemeine Regelung stattfinden könnte, doch bezweifle ich, daß die mannigfachen Vorschriften ausländischer Gesetze unter so wenige Gesichtspunkte gebracht

Lücke wird nur durch einen Vorbehalt für Reichsverordnungen ausfüllbar sein. Es wird sich empfehlen, dem Bundesrath die Befugniß einzuräumen, nähere Bestimmungen über die Eintragung ausländischer Gesellschaften in das Handelsregister allgemein oder für einzelne ausländische Staaten zu treffen. So wird insbesondere für die Aktiengesellschaften englisch-amerikanischen Ursprungs mit Rücksicht auf die wesentlich andere Verfassung der Gesellschaften eine derartige Regelung angezeigt erscheinen.

19. Das Bürgerliche Gesetzbuch regelt nicht das Recht der Inhaberpapiere in seiner Gesammtheit, sondern nur das Recht der Schuldverschreibungen auf Inhaber. Die für Inhaberaktien hiernach bestehende Lücke füllt auch der Entwurf zum Handelsgesetzbuch nur theilweise aus, insofern er einzelne Vorschriften über das Aufgebotsverfahren im § 211 trifft. Dagegen ist es dringend nothwendig die Frage zu regeln, ob eine Außerkurssetzung der Aktien künftig zulässig sein soll. Nach Art. 176 des Einführungsgesetzes zum Bürgerlichen Gesetzbuch findet eine Außerkurssetzung von Schuldverschreibungen auf Inhaber nach dem Inkrafttreten des Bürgerlichen Gesetzbuches nicht mehr statt. Eine vorher erfolgte Außerkurssetzung verliert mit dem Inkrafttreten des Bürgerlichen Gesetzbuches ihre Wirkung. Mit diesen Bestimmungen hat das Bürgerliche Gesetzbuch eine seit langen Jahren vom Kaufmannsstand aufgestellte berechtigte Forderung erfüllt. Würde die Außerkurssetzung von Aktien nicht reichsgesetzlich verboten werden, so würde dies zu dem völlig inkonsequenten Ergebniß führen, daß die Außerkurssetzung für Obligationen unzulässig, für Aktien dagegen partikularrechtlich zulässig sein würde. Es bedarf nicht der Darlegung, daß ein solches Ergebniß unannehmbar wäre. Daher empfiehlt es sich entweder im HGB. selbst oder im Einführungsgesetz zu demselben für Aktien eine dem Art. 176 des Einführungsgesetzes zum Bürgerlichen Gesetzbuch entsprechende Bestimmung zu treffen.*)

---

werden könnten, daß sich die gesetzliche Ordnung empfiehlt. Die Regelung durch Verordnung des Bundesraths hat den Vortheil, daß in ausführlicherer Weise die Registerrichte Instruktion erhalten und daß die Anpassung an die jeweilig hervortretenden Bedürfnisse der Praxis und die wechselnde Gesetzgebung des Auslands erleichtert wird.

*) Marsson, Die Außerkurssetzung der Inhaberpapiere nach Preußischem Recht (Berlin 1887) hält zwar die Außerkurssetzung von Inhaberaktien schon nach geltendem Recht für unzulässig (S. 18); doch steht das Reichsgericht (Entsch. IV S. 138) auf dem entgegengesetzten Standpunkt und thatsächlich existiren viele außer Kurs gesetzte Inhaberaktien.

Das Bürgerliche Gesetzbuch gewährt nun aber einen unvollkommenen Ersatz der Außerkurssetzung von Schuldverschreibungen auf Inhaber durch § 806, welcher bestimmt:

> Die Umschreibung einer auf den Inhaber lautenden Schuldverschreibung auf den Namen eines bestimmten Berechtigten kann nur durch den Aussteller erfolgen. Der Aussteller ist zu Umschreibungen nicht verpflichtet.

Für Aktiengesellschaften trifft der § 169 Abs. 2 des Entwurfs Vorkehrungen, wonach im Gesellschaftsvertrage bestimmt werden kann, daß auf Verlangen des Aktionärs die Umwandlung seiner auf Namen lautenden Aktie in eine Inhaberaktie oder umgekehrt stattzufinden hat. Ich möchte indessen der Erwägung anheimstellen, ob es nicht möglich wäre, dem Besitzer einer Inhaberaktie einen weitergehenden Schutz zu gewähren. Man könnte nach dem Vorbilde des Reichsschuldbuchs und des Preußischen Staatsschuldbuchs dem Aktionär die Befugniß einräumen, seine Aktien der Gesellschaft zur Vernichtung zu überreichen und dagegen eine an die Person geknüpfte nicht übertragbare Bescheinigung zu verlangen, auf Grund deren er zur Theilnahme an den Generalversammlungen und zur Erhebung von Dividenden befugt ist. Diese Bescheinigung würde über so viele Aktien zu lauten haben, wie der betreffende Aktionär zur Vernichtung eingereicht hat, während die Ausstellung einzelner Bescheinigungen über die einzelnen eingereichten Aktien für unzulässig erklärt werden müßte. Eine solche Bestimmung liegt sowohl im Interesse der Aktionäre, wie im Interesse der Gesellschaft. Der Aktionär, welcher dauernd seinen Besitz zu behalten beabsichtigt, vermeidet die Gefahr des Verlustes der Aktien und erspart die Kosten der Aufbewahrung. Der Gesellschaft aber kann es nur erwünscht sein, wenn auf diese Weise größere Posten Aktien dem Börsenverkehr fern bleiben.

Selbstredend müßte der Aktionär die Befugniß haben, auf seine Kosten die Ausfertigung neuer Aktienurkunden gegen Zurückreichung der Bescheinigung zu verlangen.

20. Erhöhung des Grundkapitals. Für die Bestimmung des § 253 Ziffer 1 (Art. 215a Abs. 1 und 2 HGB.) liegt jetzt eine Veranlassung nicht mehr vor. Das Verbot der Erhöhung des Grundkapitals vor Vollzahlung der alten Aktien erfolgte im Jahre 1884, um der Agiotage zu steuern. Vorher wurden vielfach nichtvollgezahlte Aktien an die Börse gebracht und ihr Kurs in die Höhe getrieben; bei etwaigem größeren Kapitalsbedarf wurden nicht selten ohne Rücksicht

auf die Interessen der Gesellschaft behufs Erzielung von Kursgewinn neue, wiederum nicht vollgezahlte Aktien emittirt. Eine derartige Agiotage ist auch ohne das Verbot des § 253 Abs. 1 gegenwärtig nicht mehr möglich. Wie bereits oben (S. 49 ff.) dargelegt, hatten die strengen Vorschriften des Aktiengesetzes über die Haftung der Zeichner die Folge, daß an den Börsen nur noch vollgezahlte Aktien zum Handel zugelassen werden. Man kann also jetzt gar nicht mehr mit Interimsscheinen Agiotage treiben. Das Verbot des § 253 Abs. 1 ist hiernach überflüssig geworden. Wenn aber einmal wirklich eine Gesellschaft aus besonderen Gründen ein Interesse daran haben sollte, ihr Grundkapital vor Vollzahlung zu erhöhen, so würde sie jetzt unnöthigerweise durch die gesetzliche Bestimmung gehindert werden.

21. Die Bestimmung im § 276, wonach die Veräußerung des Gesellschaftsvermögens im Ganzen nur durch die Generalversammlung mit einer qualifizirten Mehrheit beschlossen werden kann, wird allseitige Billigung finden.

Die weitere Bestimmung, daß dieser Beschluß die Auflösung der Gesellschaft zur Folge hat, erscheint dagegen bereits bedenklich. Es kommen nämlich Fälle vor, in welchen zunächst die Generalversammlung die Veräußerung beschließen muß, die Perfektion des Geschäfts aber noch von anderen Voraussetzungen abhängt, z. B. von der Genehmigung durch die Generalversammlung einer anderen Gesellschaft oder der Genehmigung des Uebergangs einer Konzession durch die Regierung und dergl. Enthält das Gesetz die Bestimmnng, daß der Veräußerungsbeschluß bereits die Auflösung zur Folge hat, so würde sich hieraus die unliebsame Konsequenz ergeben, daß die Auflösung auch dann stattfindet, wenn schließlich der Veräußerungsbeschluß gar nicht zur Ausführung gelangen kann. Thatsächlich findet die Veräußerung auch nicht statt, wenn der Beschluß gefaßt wird, sondern wenn er zur Ausführung kommt.

Noch bedenklicher erscheint die Bestimmung, daß die Ausantwortung des Vermögens an den Uebernehmer nur unter Beobachtung der für die Vertheilung unter die Aktionäre nach §§ 270, 274 geltenden Vorschriften stattfinden kann; d. h. die Ausantwortung darf keinesfalls vor Ablauf eines Jahres nach dem Veräußerungsbeschluß stattfinden. Diese Bestimmung ist völlig neu und steht im Widerspruch mit den Bedürfnissen der Praxis. Gerade im Laufe der letzten Jahre hat eine Reihe bedeutsamer Uebertragungen des Vermögens von Aktiengesellschaften stattgefunden. Es seien erwähnt: der Uebergang der Norddeutschen Bank in Hamburg auf die Disconto-Gesellschaft, der Anglo-Deutschen Bank und der Bremer Bank auf die Dresdner Bank, der Uebergang des Grusonwerks und der Schiffsbau-Gesellschaft Germania auf die Firma Krupp in Essen. Hätten die betreffenden Gesellschaften ihr Vermögen erst nach Ablauf eines Jahres an den Uebernehmer übergeben können, so wären vermuthlich die Geschäfte gescheitert. Denn wie hätte während des Sperrjahrs die Verwaltung geführt werden sollen? Das einzig Denkbare wäre, daß die Liquidatoren das Geschäft für Rechnung des Uebernehmers bis zum Ablauf des Sperrjahres hätten betreiben müssen. Ein solches Verfahren würde aber praktisch ganz unthunlich sein, da z. B. eine Gesellschaft, wie die Norddeutsche Bank in Hamburg, die einen großen Geschäftsverkehr bis in die fernsten Welttheile hat, nicht als Liquidationsfirma und durch ihre Liquidatoren noch ihren Geschäftsbetrieb ordnungsmäßig aufrecht erhalten kann. Auch würden die Liquidatoren von der verkaufenden Gesellschaft und nicht von dem Uebernehmer abhängig sein, so daß dieser nicht einmal unbedingt in der Lage wäre, seinerseits die Geschäfte so weiter zu führen, wie es ihm angemessen erscheint. Ob der Liquidator alle einzelnen Aktiva in zwei Theilen an zwei Personen oder das ganze Vermögen an eine Person verkauft, macht doch keinen begrifflichen Unterschied. Kann der Liquidator im ersteren Fall sofort die sämmtlichen einzelnen Vermögensstücke übertragen, so ist nicht abzusehen, weshalb er es nicht auch im zweiten Fall thun darf.

VII. Kommissionsgeschäft.

22. Es ist bereits oben (S. 68) erwähnt worden, daß die Begriffsbestimmung des Kommissionärs infolge des aufgestellten Systems der Handelsgeschäfte eine zu enge geworden ist. Andererseits ist anzuerkennen, daß die Fassung des geltenden HGB. (Art. 360 Abs. 1) zu mancherlei Kontroversen Veranlassung gegeben hat. Dort wird nämlich bestimmt: Kommissionär ist derjenige, welcher gewerbsmäßig in eigenem Namen für Rechnung eines Auftraggebers (Kommittenten) Handelsgeschäfte abschließt. Die Einen behaupten, daß im Art. 360 unter „Handelsgeschäft" dasjenige Geschäft zu verstehen sei, welches Handelsgeschäft wäre, wenn der Kommittent es selbst abschließen würde. Andere lassen entscheiden, ob das Geschäft, wie es vom Kommissionär abgeschlossen wird, Handelsgeschäft ist.

Ich glaube, daß die Schwierigkeiten in der Begriffsbestimmung des Kommissionärs überwunden werden können, mag man die Systematik der Handelsgeschäfte aus dem Entwurf beibehalten oder nicht. Außerhalb des herkömmlichen Kommissionsgeschäfts giebt es nämlich, soweit ich den Verkehr zu übersehen vermag, überhaupt keine Personen, welche gewerbsmäßig in eigenem Namen für Rechnung eines Anderen Geschäfte abschließen. Man kann daher, ohne das Handelsrecht irgendwie in unzulässiger Weise in das bürgerliche Recht übergreifen zu lassen, den Art. 360 Abs. 1 HGB. bezw. § 355 des Entwurfs dahin fassen:

> Kommissionär ist derjenige, welcher gewerbsmäßig in eigenem Namen für Rechnung eines Auftraggebers (Kommittenten) Geschäfte schließt.

Dieser Fassungsvorschlag schließt sich an die Bestimmung des französischen Code de commerce an, dessen Art. 94 lautet:

> Le commissionaire est celui qui agit en son propre nom ou sous un nom social pour le compte d'un commettant.

Durch diese Lösung würden sowohl die Kontroversen des HGB., als auch die Schwierigkeiten des Entwurfs sich erledigen.*)

23. Unter „Ausführung" eines Kommissionsauftrages wird im allgemeinen sowohl im kaufmännischen Geschäftsverkehr als auch im Gesetz der Abschluß des Rechtsgeschäfts mit einem Dritten verstanden. Wenn es z. B. im § 356 des Entwurfs heißt, daß der Kommissionär dem Kommittenten von der Ausführung der Kommission unverzüglich Anzeige zu machen hat, so bedeutet hier das Wort „Ausführung": die Ausführung des Auftrages durch Abschluß des kommittirten Geschäfts (Staub HGB. Art. 361 § 1). Im § 367 des Entwurfs (Art. 371 HGB.) hat das Wort „Ausführung" indessen eine ganz andere Bedeutung: der Kommissionär kann die Provision fordern, wenn das Geschäft zur „Ausführung" gekommen ist. Hier soll unter dem Wort „Ausführung" nicht der Abschluß, sondern die Erfüllung des kommittirten Geschäfts verstanden werden. Eine derartig verschiedenartige Bedeutung desselben Wortes innerhalb desselben Titels erscheint verwirrend, und es wird sich daher empfehlen, dem § 367 Absatz 1 folgende Fassung zu geben:

> Der Kommissionär kann die Provision fordern, wenn das ausgeführte Geschäft erfüllt ist.

---

*) Ein entsprechender Antrag ist auf der Nürnberger Konferenz abgelehnt worden (Prot. S. 744), weil dadurch voraussichtlich viele dem Handelsrecht nicht zu unterstellende Geschäfte unter dasselbe fallen würden. Doch konnte nur ein Fall angeführt werden; wenn jemand gewerbsmäßig in eigenem Namen für viele Familien den Holzbedarf einkauft. Es ist nicht abzusehen, weshalb in einem solchen Fall das Handelsrecht nicht Anwendung finden soll.

Nach Absatz 2 des § 367 kann der Kommissionär einen den Umständen nach angemessenen Theil der Provision beanspruchen, wenn der Kommittent das Geschäft vor Abschluß desselben widerruft. Diese Bestimmung steht mit Absatz 1 des § 367 im Widerspruch. Hat der Kommissionär das Geschäft abgeschlossen, so soll er nach Absatz 1 regelmäßig keine Provision fordern können, wenn das Abschlußgeschäft nicht auch zur Erfüllung gekommen ist. Hat der Kommissionär aber das Geschäft nicht einmal abgeschlossen, weil der Auftrag vorher widerrufen ist, so soll er stets einen Theil der Provision beanspruchen können. Er würde sich also besser stehen, wenn das Geschäft garnicht abgeschlossen ist, als wenn das Geschäft zwar abgeschlossen aber nicht zur Erfüllung gelangt ist. Uebrigens widerspricht nach meiner Kenntniß die Vorschrift in § 367 Abs. 2 des Entwurfs auch den Gepflogenheiten des Handelsstandes und dürfte daher zu streichen sein.

VIII. Lagergeschäft.

24. Das selbstständige Lagergeschäft hat sich in Deutschland zum Nachtheil der Betheiligten noch nicht genügend entwickelt. Es kann daher nur dankbar begrüßt werden, daß der Entwurf das Lagergeschäft besonders regelt, da eine solche gesetzliche Regelung erfahrungsmäßig — wie wir dies in Preußen erst jüngst bei dem Gesetz über die Kleinbahnen erlebt haben — auf die wirthschaftliche Entwickelung günstig einwirkt. Namentlich würde es von Bedeutung sein, wenn die Produzenten in größerem Maße veranlaßt werden ihre Erzeugnisse einzulagern, um auf diese Weise sich die Möglichkeit einer besseren Ausnutzung der Konjunktur zu sichern. Wenn dieser Zweck erreicht werden soll, so muß aber der Einlagerer in der Lage sein, bis zum Verkauf mit Bequemlichkeit Vorschüsse auf das Gut zu erheben. Dies wurde bisher dadurch erschwert, daß nach Art. 302 HGB. indossable Lagerscheine über Waaren oder andere bewegliche Sachen nur von einer zur Aufbewahrung solcher Sachen staatlich ermächtigten Anstalt ausgestellt werden durften. Banken und Bankiers scheuen sich, auf Grund nichtindossabler Lagerscheine Kredit zu geben, weil ihnen dann auch solche Einwendungen entgegengehalten werden können, welche aus dem Lagerschein nicht hervorgehen, namentlich auch Pfandrechte wegen Auslagen. Will man daher dem Lagerwesen im Interesse der produzirenden Stände eine weitere Ausdehnung geben, so muß man jedem Lagerhalter die Ausstellung indossabler Lagerscheine gestatten. Der Entwurf hat im § 335 Abs. 2 es bei dem bisher geltenden Recht

belassen, ohne indessen eigene Gründe anzugeben,*) weshalb gerade bei dem Lagerschein die Ausgabe indossabler Papiere von einer Konzession abhängig sein soll, während doch beim Ladeschein und Konnossement genau dieselben Verhältnisse vorliegen, ohne daß hier die Befugnisse zur Ausstellung von indossablen Papieren irgendwie beschränkt wäre. Die Betheiligten werden ebenso wie gegenüber dem Frachtführer und dem Schiffer die Augen aufhalten. Es wäre begreiflich aber ungerechtfertigt, wenn man das Lagergewerbe von einer Konzession abhängig machen würde; unterschlägt aber ein Lagerhalter die ihm anvertraute Waare, so ist doch der Schaden derselbe, mag er indossable oder nicht indossable Lagerpapiere ausgestellt haben.

25. Im Uebrigen ist die Ordnung des Lagerscheinwesens im Entwurfe durchaus zu billigen. Dieselbe schließt sich den Beschlüssen des 21. Juristentages (Verhandlungen Band 3 S. 156 ff.) im Wesentlichen an. Hiernach sieht der Entwurf namentlich von der Einführung des sogenannten Zweischeinsystems ab, welches sich überall, wo es eingeführt wurde, als zwecklos erwiesen hat. Ich möchte den näheren Darlegungen, welche ich nach dieser Richtung hin auf dem 21. Juristentag gemacht habe, noch hinzufügen, daß speziell das österreichische Lagerhausgesetz vom 28. April 1889 auch im weiteren Verlauf seiner Anwendung zu einer irgendwie erheblichen Benutzung des Waarenpfandscheines nicht geführt hat und daß die Einführung desselben in Oesterreich daher als mißglückt anzusehen ist.

26. Der § 393 des Entwurfs bestimmt:

> Im Falle der Lagerung vertretbarer Sachen ist der Lagerhalter zu ihrer Vermischung mit anderen Sachen von gleicher Art und Güte nur befugt, wenn ihm dies ausdrücklich gestattet ist.
>
> Der Lagerhalter erwirbt auch in diesem Falle nicht das Eigenthum des Gutes; aus dem durch die Vermischung entstandenen Gesammtvorrathe kann er jedem Einlagerer den ihm gebührenden Antheil ausliefern, ohne daß er hierzu der Genehmigung der übrigen Betheiligten bedarf.
>
> Ist das Gut in der Art niedergelegt, daß das Eigenthum auf den Lagerhalter übergehen und dieser verpflichtet sein soll, Sachen von gleicher Art, Güte und Menge zurückzugewähren, so finden die Vorschriften dieses Titels keine Anwendung.

Hier kann nach meiner Auffassung zunächst der Abs. 3 fortfallen; denn das Lagergeschäft besteht in der Lagerung fremder Güter. In dem

*) Vergl. Begründung S. 249.

Fall des Abs. 3 würde aber der Lagerhalter seine eigenen Güter lagern.

Der in den beiden ersten Absätzen behandelte Fall betrifft das von Adler (Das österreichische Lagerrecht S. 148) zutreffend sogenannte Vermengungslagergeschäft. Soweit dasselbe in dem § 393 geordnet ist, erscheint mir diese Ordnung durchaus sachgemäß, wenn auch vielleicht eine Aenderung in der Fassung sich empfehlen würde. Nach einer Richtung hin werden die Bestimmungen indessen einer Ergänzung bedürfen.

Dieselben gehen nämlich anscheinend davon aus, daß zunächst eine Anzahl von Personen z. B. A, B, C und D sukzessive einliefern und daß dann von dem Gesammtvorrathe, welcher gemeinschaftliches Eigenthum der sämmtlichen Einlieferer ist, dieselben Personen sukzessive wieder das eingelagerte Quantum abheben, bis der Lagerraum leer ist. So spielt sich das Vermengungslagergeschäft in der Praxis aber nicht ab. A, B, C und D liefern z. B. Spiritus in ein Bassinlager ein; nach einiger Zeit läßt sich A sein Quantum abfüllen und ausliefern. Nun liefert E ein, so daß nunmehr der Bestand gemeinschaftliches Eigenthum von B, C, D und E ist. Demnächst läßt B sein Quantum abfüllen und ausliefern, F liefert neu ein. Durch das fortdauernde Einliefern und Ausliefern in derartige Bassins, welche niemals leer zu werden pflegen, entstehen fortdauernd wechselnde Eigenthumsgemeinschaften. Sind C, D, E und F die zeitigen Einlagerer und Eigenthümer des gemeinsam vorhandenen Spiritus, so rührt der vorhandene Spiritus doch nicht allein von ihnen her, sondern auch von A und B. Die zeitigen Einlagerer können mit Rücksicht auf die ohne ihre Kontrole fortdauernd stattfindenden Auslieferungen von Spiritus garnicht feststellen, ob für sie gemeinschaftlich soviel lagert, als nach Maßgabe der geschehenen Einlieferungen lagern müßte. Ebensowenig können die Einlagerer konstatiren, ob von anderen Einlagerern schlechtere Qualitäten eingeliefert werden. Diese Kontrole kann nur der Lagerhalter üben und die Einlagerer halten sich daher für berechtigt, bei der Vermengungslagerung schließlich von dem Lagerhalter ausgeliefert zu erhalten, was sie nach Inhalt des Lagerscheins eingeliefert haben. Für Schwund u. dgl. machen sie den Lagerhalter verantwortlich; andernfalls würde derjenige den Verlust haben, welcher am spätesten seinen Spiritus ausliefern läßt, da die früheren Einlieferer das eingelieferte Quantum sich hatten geben lassen. Wenn die Einlagerer dem Lagerhalter nicht das Eigenthum übertragen, so geschieht es deswegen, damit er die eingelagerten Waaren als fremdes Gut ansieht und für den Fall der Aneignung von dem Strafrichter zur Rechenschaft gezogen werden kann; sie thun es ferner deswegen, damit sie ein Aussonderungsrecht im Fall des Konkurses haben. Da der Lagerhalter berechtigt war, dem A und B auf Verlangen das volle von ihnen eingelieferte Quantum aus dem Vermengungslager herauszugeben, so müssen B, C, D und E dieselbe Befugniß haben und dürfen nicht etwa von dem Lagerhalter darauf verwiesen werden, daß er den Verbleib der Waare nicht aufzuklären wisse. Nach meiner Kenntniß entspricht diese Auffassung auch den schon jetzt für den Fall der vermengten Lagerung üblichen Lagerscheinen. Der Lagerhalter wird demgemäß bei dem Vermengungslagergeschäft gesetzlich für die Rückgabe der gleichen Quantität und Qualität verantwortlich gemacht und ihm der Exculpationsbeweis abgeschnitten werden müssen.

Register

der besprochenen Paragraphen des Entwurfs eines Handelsgesetzbuchs.

Alphabetisches Register.

Druck von Dobrzynski & Walter in Berlin.

Kolibri 360 GmbH
Ferdinand-Jühlke-Straße 7
99095 Erfurt, Deutschland
produktsicherheit@kolibri360.de